千家诗一字一诗解

第一卷

王光福　刘　悦／著

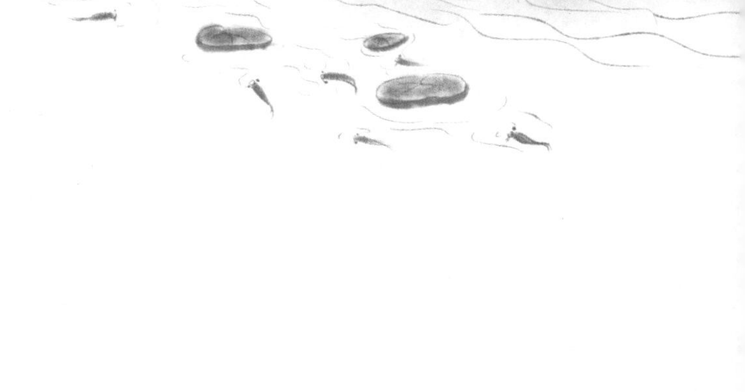

山东人民出版社·济南
国家一级出版社　全国百佳图书出版单位

图书在版编目（CIP）数据

千家诗一字一诗解/王光福，刘悦著．－－4版．－－济南：山东人民出版社，2021.5
ISBN 978-7-209-12542-0

Ⅰ．①千…　Ⅱ．①王…　②刘…　Ⅲ．①古典诗歌－诗集－中国　Ⅳ．①I222.72

中国版本图书馆CIP数据核字(2021)第006843号

千家诗一字一诗解（第一卷）
QIANJIASHI YIZI YISHIJIE (DIYIJUAN)

王光福　刘　悦　著

主管单位　山东出版传媒股份有限公司
出版发行　山东人民出版社
出 版 人　胡长青
社　　址　济南市英雄山路165号
邮　　编　250002
电　　话　总编室（0531）82098914
　　　　　市场部（0531）82098027
网　　址　http://www.sd-book.com.cn
印　　装　济南龙玺印刷有限公司
经　　销　新华书店

规　　格　16开（165mm×230mm）
印　　张　12.75
字　　数　150千字
版　　次　2021年5月第1版
印　　次　2021年5月第1次
ISBN 978-7-209-12542-0
定　　价　38.00元

序

不管是什么人，不管干什么，似乎都应该学点“诗”——

孔子是中国最早而有名的老师，他的事和话我们总该相信吧？有一回，孔子站在院子里，他的儿子孔鲤走过来。孔子问：“读诗了吗？”孔鲤说：“没有。”孔子就说：“不学诗，无以言。”于是，孔鲤就去读诗了。

“不学诗，无以言”，并不是说不学诗就声带失声，不会说话了。他的意思是人若不学点诗，说话就没有艺术性、没有文采。孔子还说过：“言之无文，行而不远。”就是说，说话没有艺术性、没有文采，就不会传到很远的地方和很远的将来。

人这一辈子是很短暂的。有些人离开了这个世界就永远离开了，从此就没人再提起他了，像自古以来死去的不知多少亿人；有些人离开了这个世界却仿佛还没有离开，人们还经常记起他们，像李白、杜甫、苏轼、陆游等。因为我们还要经常读他们的诗，他们的诗就像空气和水一样，除非我们不呼吸不口渴，否则我们就不能不读诗。

孔子说的“诗”是指《诗经》，因为那时还没有别的诗。我们看到的诗比孔子看到的不知要多多少倍，孔子若是还活着，也定会让他儿子读李白、杜甫，读苏轼、陆游。作为一个现代人，若不读诗，依然只能活在当地和当下，他的生命轨迹不会超过几十里和几十年——他连话都说不好，他还能留下什么呢？

学诗是最好的修炼语言的法门。为此，这本书就从识字开始，从古代孩童的学诗课本《千家诗》开始，来“解字说诗”，来领着大家“识字学诗”。我们是学过“诗”的，我们“解”“说”得争取潇洒一点儿、漂亮一点儿，让你“识”“学”得尽可能轻松一点儿、愉快一点儿。通过跟我们识“字”学“诗”，你也就慢慢会说话了——会写诗，会作文，会演讲，会做报告了，即使你一辈子只生活在为数不多的几个地方，从事比较固定的几个职业，全市、全省、全国、全世界的今天和未来，就都会有人记着你了。

请大家从我们这个“解字说诗”系列开始——先从《千家诗》的第一卷五言绝句起步。

目录

春 · 春晓

春·春晓

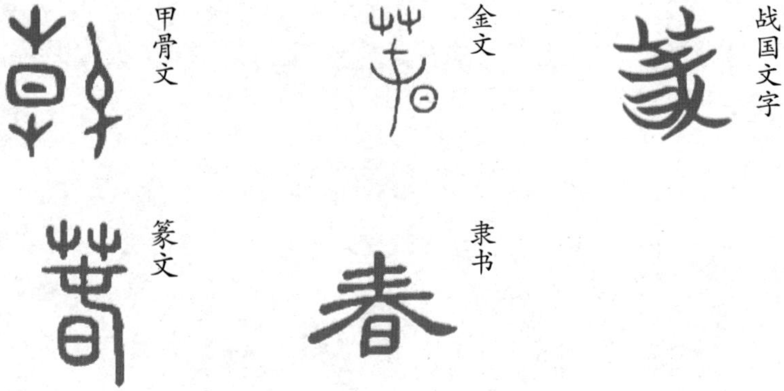

两千五百多年前的春秋末年，孔子撰写了一部很有名的著作，叫《春秋》。后来有三个人写三本书给《春秋》作传，也就是做注解，分别是《左传》《穀梁传》和《公羊传》，合称《春秋三传》。其中《公羊传》说："春者何？岁之始也。""春"是什么意思呢？就是一年的开始。

二十四节气中的第一个节气就是"立春"，表示春天的来临。春，充满着生机、活力，带给人信心和憧憬。那么，古人是怎样通过一个"春"字，来表现这万物复苏的大好光景的呢？

"春"，甲骨文字形左边的上下两部分，分别表示草，中间为日，以此来表示日光转暖，草木萌生，春回大地。右边的"屯"是用来表示声音的，表明这个字读音和"屯"接近。

后来字形中的"艸"和"屯"合并简化为现在的"𡗗"，"春"也就变成了我们现在的写法。

"春"的古文字字形，正像朱自清散文《春》里所描绘的那样：

“盼望着，盼望着，东风来了，春天的脚步近了……山朗润起来了，水涨起来了，太阳的脸红起来了……”

可见，那温暖的阳光，那萌动的嫩芽，从古到今都是新鲜活泼的，千百年来一直滋润着人们的心灵。

下面我们来看一首描写春天的唐诗——《春晓》。

春　晓

孟浩然

春眠不觉晓，处处闻啼鸟。
夜来风雨声，花落知多少。

大家知道，《千家诗》共四卷，分别收录五言绝句、五言律诗和七言绝句、七言律诗。每一种诗体，又都是按春夏秋冬四季顺序排列。所有的《千家诗》版本，不是把七言绝句排在卷一，就是把五言绝句排在卷一。若是把五言绝句排在卷一，孟浩然这首《春晓》是三十九首唐人五绝的第一首，那它就是整部《千家诗》的第一首了。

我们还知道，诗歌到了唐代，就有了近体诗和古体诗的分别。近体诗包括绝句和律诗两种形式。所有的律诗，包括五律和七律都是近体诗。而五言绝句和七言绝句则分为古绝和律绝两类。

所谓律绝，就是符合平仄规则并押平声韵的绝句，古代的大部分绝句诗都是律绝。也有少数绝句诗不合平仄规则，甚至押仄声韵，这种绝句诗就叫作古绝，属于古体诗。

因此，孟浩然这首《春晓》，虽然放在《千家诗》五言绝句的首位，我们却应该明白，它不是一首严格意义上的律绝，而是一首不合格律的古绝。这样的古绝，后边还有不少。

孟浩然是盛唐山水田园诗派的代表诗人，与王维齐名，后人常常提到的“王孟”，就是指王维和孟浩然。

花落知多少　张丽敏

孟浩然钟情田园、热爱诗歌创作，他的高雅情趣和高超诗艺，连李白都佩服得赞不绝口。李白在《赠孟浩然》诗中说“吾爱孟夫子，风流天下闻”——您年轻时就不做官，老了就幽居山林，烦闷了就对着月亮喝个痛快，高兴了就赏赏花，比官场自由多了，您就像一座高山让我看不到山顶，我只能对着满山的芬芳作揖致敬了。

因为诗人不做官，所以不怕耽误上班，晚上喝点小酒或熬夜翻翻闲书，随情适性，没人催促。今天早晨，由于睡得太沉，一觉醒来已是窗外大亮，群鸟乱鸣。可是睡眼蒙眬中依稀还记得昨晚刚躺下时，院子里仿佛掠过阵阵若有若无的风雨之声。

这是春暖花开的季节，有风雨肯定就有落花。可是风雨究竟如何？落花是多是少？是像唐杜甫在《春夜喜雨》中写的那样“晓看红湿处，花重锦官城”？还是像宋李清照在《如梦令》中写的那样“知否，知否，应是绿肥红瘦”？诗人没有立即起床去看，因而不清楚，我们也就更不清楚。一千多年过去了，这个问题还依然撩拨着我们的心弦——这就是唐诗的魅力之所在。

一种景象，多种写法，这是古代诗词写作艺术的高妙之处。不管是孟浩然、杜甫还是李清照，他们在写法上都是从虚处着笔、写想象之景，这就更加启人遐思了。

处处闻啼鸟　何峰

访 · 访袁拾遗不遇

访·访袁拾遗不遇

战国文字

篆文

隶书

“访”，繁体字作“訪”。左边的“言”，表示以言语交流，右边的“方”，表示读音，这是一个典型的形声字。“言”后来采用俗体的楷书字形，简写作“讠”。

“访”，《说文解字》的解释是“泛谋曰访”，《尔雅》的解释是“访，谋也”。“访”的本义就是谋划、商量。起初“访”不是指一般的探望，而是咨询、征求意见。如《左传·僖（xī）公三十二年》所说的“穆公访诸蹇（jiǎn）叔”，是秦穆公向蹇叔征求对偷袭郑国这件事的看法，非简单的拜访。

到了东汉魏晋南北朝时期的汉语中，“访”才开始有了拜访、探望义。《世说新语》记载，东晋王子猷（yóu）在一个大雪纷飞之夜，一觉醒来，喝酒吟诗，突然想起了远地的朋友戴安道。王子猷迫不及待连夜坐船行了一宿才到达戴安道的门前。可他突然一下子又没了兴致，返身而归。有人问他，好不容易到了，你却不进门，这是啥意思？王子猷说：“吾本乘兴而行，兴尽而返，何必见戴？”这个故事怪诞之中又颇含哲理，因而为后人所乐道，而“访戴”一词也就成了后世文人探访朋友的雅称。

李白《陪从祖济南太守泛鹊山湖三首》诗云：“此行殊访戴，自可缓归桡（ráo）。”意思是我们此次出行又不是王子猷雪后访问戴安道，我们尽可以慢慢划船回家。

唐代的著名诗人孟浩然也曾乘兴访戴，那么，结果如何呢？

访袁拾遗不遇

孟浩然

洛阳访才子，江岭作流人。

闻说梅花早，何如北地春？

孟浩然叫什么名？有人说是“浩”，但不确定。“浩然”是他的字。一个人在社会上流传的不是名而是字，这就是前人所说的“以字行”。这样的例子很多。如战国屈原，名平字原；秦末项羽，名籍字羽；明刘伯温，名基字伯温；明唐伯虎，名寅字伯虎，等等。这些人的名虽然人们也知道，但是更流行的还是他们的字，所以他们都是“以字行”。

孟浩然是湖北襄阳人，古人又喜欢以籍贯或出生地来尊称别人，故而人们也往往称呼他为“孟襄阳”。这样的例子也很多。比如唐张九龄是当时韶州曲江人，人称张曲江；北宋王安石是江西临川人，人称王临川；清末康有为是广东南海人，人称康南海，等等。当然，要想获得这样的美称，必须有大的文名或官名，有广泛的社会影响力才行，不是任何人都有此资格的。

古人还有以官职称呼人的传统。如东晋王羲之曾任右军将军，人称王右军；唐王维曾任尚书右丞，人称王右丞；宋柳永曾任过屯田员外郎，人称柳屯田，等等。此诗中的袁拾遗，叫袁瓘（guàn），因为曾做过“左拾遗”的小官，故孟浩然尊称他为“袁拾遗”。

孟浩然终生没做官——不是他不想做官，而是他没考中官。他曾在长安和洛阳两地参加过科举考试，结识了很多文朋诗友。袁瓘也是襄阳人，既是老乡，也是其所佩服的朋友，所以孟浩然一到洛阳就去拜访他。

可这一次拜访却没有遇到袁瓘，因为在官场上混的人，就算你是多么大的才子，也不敢保证一直官运亨通。这不，袁瓘这位“才子”在孟浩然到来之前就已经被流放到“江岭”地区去了。“江岭”指江南岭外之地，就是江西和广东交界处的大庾岭一带。唐时，这里是荒蛮瘴疠之地，犯了罪的官员常被流放到这里，以示严厉惩戒。

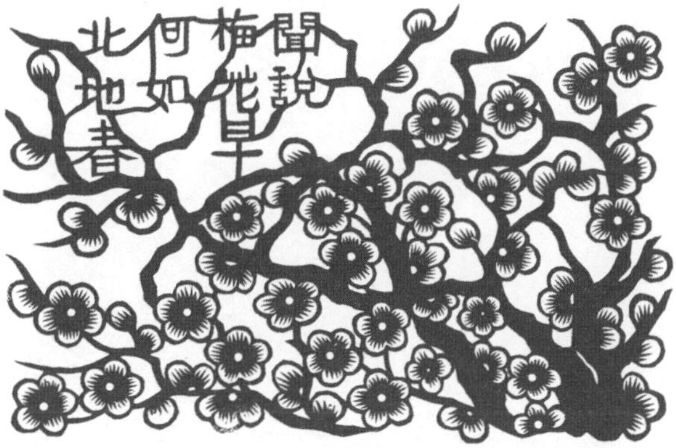

闻说梅花早　张丽敏

江岭地区纵有千般不好，有一样却是洛阳比不了的，那就是遍植梅花并且早开，因此大庾岭又称梅岭。唐白居易说，大庾岭上的梅花非常神奇，南枝刚落，北枝又开，气候的寒暖变化很快。试想，南国的梅花开放的时候，北地的洛阳还是冰封雪冻，因此，孟浩然安慰袁瓘说：“听说你那里梅花开得早，与北地的春天比起来，大概别有一番景象吧？——所以你也不必过于悲观。”

有人说这最后两句诗的意思是，江岭的梅花虽好，却不及洛阳春色优美，这样解释不好，因为这对朋友起不到安慰作用，不合情理。

所以说，不管是写诗作文还是日常交流，都要设身处地、通情达理，为对方留余地。后来宋苏轼被贬岭南，还写下一首《食荔枝》“日啖荔枝三百颗，不辞长作岭南人”，知道自我安慰，孟浩然又怎能不在心里安慰祝福袁瓘这位老朋友呢？

送·送郭司仓

送·送郭司仓

金文

战国文字

篆文

隶书

“送”，金文字形的左下方部分为“辵”（chuò），表示行走。右上方像是双手托举着一个物件，有人说是伞，有人说是火把。《说文解字》的解释是：“送，遣也。”送的本义是选派使者，引申指送行、送别。有人统计，在《左传》中“送”共出现了64次，其中只有一次是给予的意思，其余的都是送别、护送的意思。与《左传》同时期的其他作品也基本如此。可见，“送”的送别义，使用范围既广，且年代也最久远。

屈原《九歌·河伯》中云：“子交手兮东行，送美人兮南浦。”“南浦”即南面的水边，后常用来指离别分手的地方。而“别浦”“送人南浦”“送君南浦”，则常用来指送别亲友。如南朝江淹《别赋》就说：“送君南浦，伤如之何！”唐王维《齐州送祖二》云：“送君南浦泪如丝，君向东州使我悲。”等等。

在《千家诗》全部226首作品中，就有14首诗题中带有“送”字。整部《千家诗》所选大部分为唐宋诗人作品，其中只有两首明代诗人作品，这两首就都是送别诗。可见送别诗在古代诗歌中分量极重，影响极大。

这一次，王昌龄也要送别一位朋友，他送别的是谁呢？

送郭司仓

王昌龄

映门淮水绿，留骑主人心。

明月随良掾，春潮夜夜深。

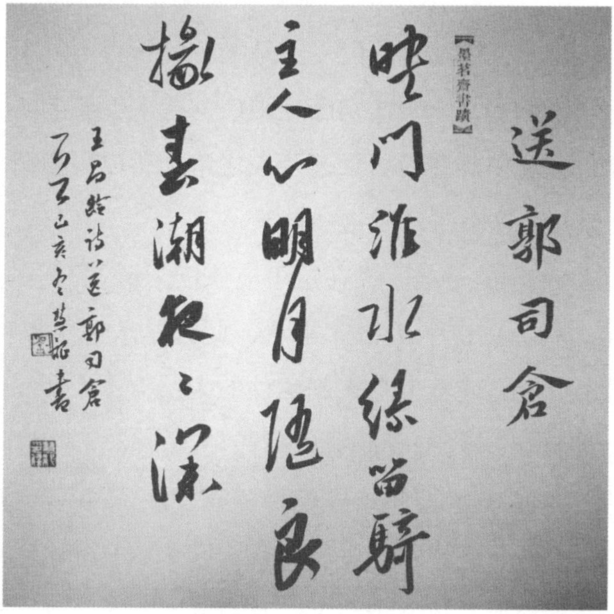

送郭司仓　刘慧龙

王昌龄是唐朝的大诗人，后世一般认为，他最拿手最精彩的诗歌多为七言绝句，他的七言绝句在唐代只有李白可与之比肩。由此看来，在整个中国诗歌史上，七言绝句除了李白，就数他写的最为精彩了。可惜《千家诗》只选了他两首诗，且都是五言绝句。即使是这样，我们也能看出他的出手不凡了。

司，有主持、管理义；仓，指仓库。司仓，就是管理仓库的官员，一般级别都比较低，属七品以下。在古代，县官多为七品官，民间戏称为“七品芝麻官”。也就是说，司仓的最高级别也不会超过正县级，也属于芝麻粒儿大小的低级官员。王昌龄这首《送郭司仓》，送别的就是这样一位姓郭的仓库管理员。王昌龄称他为郭司仓，这也是古代以官职称呼人的一个例子。

送别的地方是在淮水边上，所以从院子里透过院门就能看到碧绿的淮水。在院子里饯别，院门一定是关着的，否则就不够安静和私密。现在大门打开了，证明饯别已经结束，行人就要上路了——这是送别的关键的时刻和典型的场景，诗人之诗之所以写得精彩，也就是因为他紧紧抓住了这一时刻和这一镜头。

“留骑主人心”的“骑”，在这里应该读为jì。骑，在古代是一人一马的合称，从近体诗平仄格律来看，此处是仄声，也应该读为jì。此时，郭司仓牵着马或骑上马来到门外的大路上，人和马的身影都倒映在碧绿的淮水中，缓缓而动煞是好看。

行人就要走了，主人还站在门旁挽留，上马下马好几次，说着说着天就晚了，连月亮不知不觉都升起来了，真是非走不可了。诗人说，没有办法再挽留，只好把我的一片心意系在月亮上，这同时也让人迅速想起唐李白那首《闻王昌龄左迁龙标遥有此寄》诗中的名句：“我寄愁心与明月，随风直到夜郎西。”

掾（yuàn），是古代官员的统称，“良掾”就是好官。在诗中赞美朋友，这既是诗人写诗的惯例，也是应有的礼貌。

春风骀荡，春暖花开，春江潮水连海平。朋友走了，主人的心潮却一夜高涨过一夜，思念越来越深，越来越悠长。后来南唐李后主《虞美人》词说“问君能有几多愁？恰似一江春水向东流”，宋欧阳修《踏莎行》词说“离愁渐远渐无穷，迢迢不断如春水”，甚至于再后来宋李清照《武陵春》词说“只恐双溪舴艋（zé měng）舟，载不动许多愁”……一般思绪，万般笔法，于此等处细心体贴，文心诗思，才会慢慢萌生并渐渐丰满起来。

道 · 洛阳道

扫码收看动漫

道・洛阳道

金文

战国文字

篆文

隶书

“道”的古文字字形中的“辵”（chuò）是由道路“彳”（chì）和人脚“止”两部分组成的，表示行走在道路上，后来写作“辶”（chuò）；“首”是人的脑袋，在此代表人，也用来表音。“道”与“首”的古音近似。《说文解字》的解释为：“道，所行道也。”道的本义就是人们行走的道路。

《诗经・小雅・大东》云：“周道如砥，其直如矢。”意思是说大道如磨刀石般平坦，像箭杆一样笔直。可见，在《诗经》时代，周王朝就修筑了平坦宽阔的大道。可有些大道也非常漫长而迂回。《诗经・小雅・四牡》云：“四牡騑騑（fēi fēi），周道倭迟（wēi yí）。”四匹马拉车越跑越累，路却绕来绕去看不见尽头，真让人想家呀！

秦始皇统一全国后，又修筑了以咸阳为中心通往全国各地的驰道。《汉书》中描绘道：“为驰道于天下，东穷燕齐，南极吴楚，江湖之上，濒海之观毕至。”还特别指出“道广五十步，三丈而树”，就是道宽五十步，约等于现在的69米，道路两旁，每隔三丈，也就是7米，会种一棵树。2200多年前能修筑出这样的道路，并且绿化得这样好，确实令人惊叹。

唐朝，又一个强盛的王朝，在东部洛阳城的大道上，一群贵公子正骏马骄行，翩翩而来——

洛阳道

储光羲

大道直如发，春日佳气多。

五陵贵公子，双双鸣玉珂。

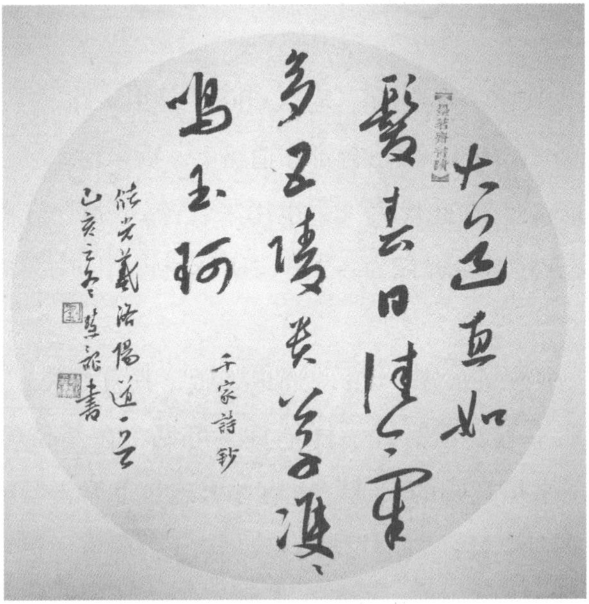

洛阳道　刘慧龙

储光羲是唐朝有名的山水田园诗人，考中过进士，做过几任县尉和监察御史。安史之乱中困在长安，担任了叛军的官职，即所谓“伪官”。这属于失节行为，尽管后来归附了李唐王朝，却仍被贬到岭南，并最终死在了那里。

我们知道，洛阳是唐朝的“东都”或“东京”，中国历史上唯一的女皇帝武则天曾定都洛阳，称为“神都”，其富庶繁华程度可想而知。但是这些诗人都没有写，一开始他展示给读者的是洛阳城宽阔笔直的大道，给人以突兀猛烈的视觉冲击。

“大道直如发”，是用头发来比喻笔直的大道，语出南朝宋鲍熙《代陆平原君子有所思行》：“层阁肃天居，驰道直如发。”

诗人写这首诗，是在“春风二月”里春景最盛的时候。“春日佳气多”的“佳气”，指美好的光景、气象。佳气多，正写出了洛阳城“无边光景一时新”的盛大浩荡和“万紫千红总是春”的旖旎热闹——当然，这其中最为繁盛炫目的当属城里的牡丹园，因为“洛阳牡丹甲天下”，唐刘禹锡在《赏牡丹》诗中也曾说过：“唯有牡丹真国色，花开时节动京城。”

五陵，指汉代五个皇帝的陵墓，即汉高祖长陵、汉惠帝安陵、汉景帝阳陵、汉武帝茂陵、汉昭帝平陵，都在长安附近，是当时富豪和外戚的居住之地。因此后世诗文中就常以“五陵”为富豪人家聚居长安之地的代称，或用“五陵少年”来指称富贵子弟。

五陵离长安近，离洛阳远，所以，若说“五陵贵公子”一句泛指洛阳一带的富贵子弟，仍觉不如理解为指代长安一带的富贵子弟贴切。在唐人心目中，天下只有两大城市可以媲美，那就是西都长安和东都洛阳——它们就好比现代中国人心目中的北京和上海——很多人在两处都有房产，像候鸟一样往来回游，也是十分惬意和风光的事。

长安的一伙五陵少年，在这美好的季节里，骑着宝马来到洛阳大道游观。一半为了自己观赏风景，一半为了让人们把自己当成风景观赏；一半是看别人，一半是给别人看。不过，他们那意气风发的精神头儿，还是很动人的。

“玉珂”是马络头上玉制的装饰物，能相互撞击发出清脆的鸣响。

“双双鸣玉珂”，是说一对一对年轻矫健的人马都看不见了，叮咚之声还鸣响在游人耳边——始于视觉，终于听觉，这也是这首诗的艺术高明之处。

坐 · 独坐敬亭山

扫码收看动漫

坐 · 独坐敬亭山

甲骨文

战国文字

篆文

隶书

“二人土上坐，一月日边明”，这是一个典型的拆字联，就是把构成汉字的各部分拆离开，单独成字或构成新字运用于对联中，是汉语的一种巧妙而有趣的表现形式。

“坐”，在古代也是动词，表示坐的行为，但古今坐的姿势可是差别很大的。“坐”，甲骨文的写法像一人席地而坐的样子，两膝着席，臀部落在脚后跟上。古人还以“坐不重席”——就是坐着不用两重席子——来表示生活简朴，不尚奢华。

但可以想象，古人的这种坐姿，坐久了，就会脚酸腿麻，所以古人常凭几而坐，就是靠或伏在几案上。战国时，“坐”字的字形发生了很大的变化，下面的席子换为土，上面为二人相背之形，这与现在的写法很相似了。

坐是一种休息方式，还是一种人生姿态，坐下来才可以尽情欣赏眼前美景、品味人生妙谛。唐王维《终南别业》诗云：“行到水穷处，坐看云起时。”唐孟浩然《凉州词》诗云：“坐看今夜关山月，思杀边城游侠儿。”

有一年，游历不停的李白来到敬亭山，也悄悄“坐”了下来，在那里看了一会儿，于是就有了这首有名的《独坐敬亭山》。

独坐敬亭山

李白

众鸟高飞尽，孤云独去闲。

相看两不厌，只有敬亭山。

李白是唐代最伟大的诗人，和杜甫齐名，世称“李杜”。但就是这样的大诗人，生活也并不事事如意。他的青少年时期是在今四川绵阳江油一带度过的，后来离开四川，漫游全国，一直到四十多岁，才被唐玄宗李隆基召见，做了供奉翰林，就是文学侍臣，陪伴皇帝诗酒娱乐。可是好景不长，由于受到谗毁排陷，他就被玄宗“赐金放还”，也就是给了点银子把他打发出了京城。

此后，李白继续过他的漫游生活。诗和酒是他人生的两大支柱和两大法宝，所以他走到哪写到哪，走到哪喝到哪。这一年秋天，他来到了安徽宣城，游览了当地名胜敬亭山，写下了这首短小的名诗。

敬亭山，位于安徽宣城以北，本名昭亭山，晋初为避司马昭名讳，改为敬亭山。山不算高，也不算大。可是正如唐人刘禹锡《陋室铭》所云：“山不在高，有仙则名。”南朝齐时有一位大诗人叫谢朓（tiǎo），是李白最为佩服的诗人。谢朓曾做过宣城太守，他游览敬亭山后写下一首《游敬亭山》；唐朝李白来了之后又写下这首《独坐敬亭山》——经过这两位诗坛大仙的宣扬，敬亭山也就有了大名，惹得后世无数诗人吟咏不辍。现代作家郁达夫有一首《乙亥夏日楼外楼坐雨》诗，其中有句云“江山也要文人捧”，说的大概就是这个意思。

孤云独去闲　赵红云

李白来到敬亭山上，先是溜达着玩水赏石，依花傍草。这时空中群鸟乱鸣，天上白云悠悠，像是迎接这位大诗人的到来。可是没过多久，诗人的心灵与大自然冥会，逐渐进入一种陶然忘机的境界。试想，不管是谁来到山上，鸟也不会为他离开，云也不会为他溜走。诗人的意思是鸟群也罢，云朵也罢，此时对他来说都已听而不闻、视而不见，心无挂碍了。

于是诗人就找块山石坐下，和敬亭山对望了起来。这时一切噪音和外景都不见了，世界上只有这一山一人。刚开始，或许还如宋辛弃疾在《贺新郎》词中所说“我见青山多妩媚，料青山见我应如是，情与貌，略相似”，可是看着看着，就如宋唐庚《醉眠》诗所说“山静似太古，日长如小年”——不用喝酒，就已经沉醉在敬亭山的千年醇厚当中了。

诗题中说“独坐”，可不仅仅是说自己一个人坐着，没有别人陪伴；而是连一群群的飞鸟和那朵孤独的闲云等一切身外之物，都仿佛不存在了。可见诗人沉静之深，读者于此当有所体会才好。

相看两不厌　何峰

登·登鹳雀楼

扫码收看动漫

登·登鹳雀楼

甲骨文

金文

战国文字

篆文

隶书

原始社会人类的信仰，源于对天地和祖先的崇拜，因此也就产生了各种各样的祭祀活动。

“登”，甲骨文字形下面是两只手，中间是“豆”，即古代盛放食物的器皿，上面是两只脚。此字描绘出了双手捧着祭品拾（shè）阶而上祭祀神祇（qí）的情景。有些字形也省去下面两只手或上面的两只脚，现在“登”字的写法，就是延续了省去两手的简化字形。

《尔雅·释诂》云：“登，升也。”“登”的这种登升意义，是捧着物品祭神意义的引申，产生很早，并一直沿用至今。《孟子·尽心下》云：“孔子登东山而小鲁，登泰山而小天下。”登高望远，重新审视天地，确实能给人带来更为宽广的视野并激发出异乎素常的万千感慨。

杜甫《登高》诗云“无边落木萧萧下，不尽长江滚滚来”，柳宗元《登柳州城楼寄漳汀封连四州刺史》诗云“岭树重遮千里目，江流曲似九回肠”，韦庄《登咸阳县楼望雨》诗云“乱云如兽出山前，细雨和风满渭川”——同样是“登”，因处境不同、心境不同，其所写之景带给读者的感受也迥然不同。

登高感怀诗是古今诗歌的常见题材，那站在高处独立吟咏的诗人，往往也就成了一幅美丽的剪影。

登鹳雀楼

王之涣

白日依山尽，黄河入海流。

欲穷千里目，更上一层楼。

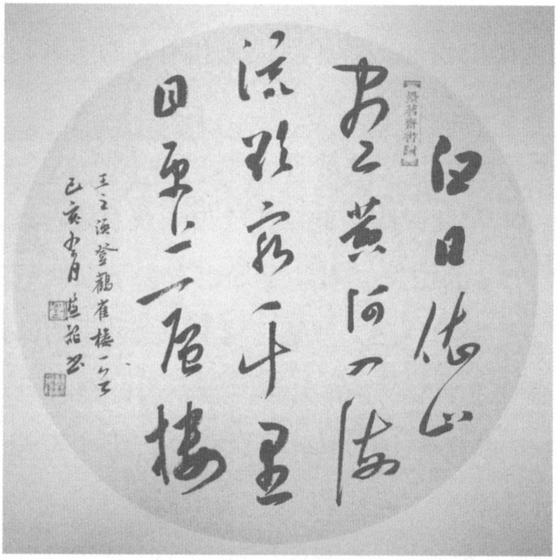

登鹳雀楼　刘慧龙

王之涣是唐朝有名的诗人，大家知道他或许都是因为这首有名的《登鹳雀楼》。

那时诗人王昌龄、高适、王之涣齐名，都在东都洛阳游学。一天，天寒微雪，三人到酒楼旗亭喝酒聊天。叫酒布菜刚坐好，就有一个皇家乐队迤逦进了酒店。三人一看有戏，就躲到一旁烤着炉火静静等待演出。

一会儿，又有四名漂亮歌女婀娜走上楼来。王之涣三人相约说："我们都很有诗名，可一直不分高下，等会儿她们唱谁的诗最多，谁就是第一。"话音刚落，就有一个歌女唱了一首王昌龄的诗，王昌龄顺手在墙上画一道说："我一首了。"接着另一歌女又唱了一首高适的，高适也抬手画一道说："我也一首了。"接着又一歌女又唱了一首王昌龄的，王昌龄又画一道说："我又一首了。"

这下王之涣急了，指着说："她们唱的都是下里巴人，等那位最漂亮的开唱，若唱的是我的，你俩就要拜我为师。"

一语未了，那位最漂亮的姑娘开口了："黄河远上白云间，一片孤城万仞山。羌笛何须怨杨柳，春风不度玉门关。"这正是王之涣的名诗《凉州词》。王之涣说："怎么样？土包子们，知道什么叫阳春白雪了吧。"于是三人哈哈大笑。

那些人莫名其妙，问他们因何而笑，他们道出缘故。那四位歌女兴奋异常，邀请他三人入席，高高兴兴喝了一天。这就是著名的"旗亭画壁"的故事。

可见王之涣确实名声很大。可惜的是他没有集子流传下来，《全唐诗》仅仅收录了他6首绝句，但即使光有这一首《登鹳雀楼》，也足以使他名垂千古而毫无愧色了。

鹳雀楼，位于山西省永济市蒲州古城西面的黄河岸边，为北周大将宇文护所建，因经常有鹳雀停宿在上面而得名，是当地一大名胜古迹，后人纷纷题咏，留诗很多，而以王之涣此诗最为有名。

“白日依山尽”，这句诗告诉我们，诗人来登鹳雀楼时已是太阳落山之时。这里的“山”指的是中条山，是一座比泰山还要高出许多的大山。“黄河入海流”，是说黄河从鹳雀楼下流过，一路奔腾不息扑进大海怀抱。前一句写山势之高，一轮落日向着楼前群山西沉；后一句写水势之远，一直流向千里之外。一纵一横，境界阔大、气势磅礴。不但闪耀着人的眼睛，还轰鸣着人的耳朵，真是让人整个身心都震撼起来了。

太阳沉落，河流远去，景色都看不清楚了，诗人略感失落与忧郁。那怎么办呢？难道就此不了了之？不，“欲穷千里目，更上一层楼”，再登上一层楼，或许就看到山中的日光和千里之外的河流了。鹳雀楼共有三层，诗人这样说，证明此时诗人正在由二层登上三层。一个“上”字，也就把“登”的意思给写出来了。

此诗后面这两句，早已成为千古名句。宋王安石《登飞来峰》诗云“不畏浮云遮望眼，自缘身在最高层”，不但写景抒情，还融人生哲理于情景，其机杼大概也是由《登鹳雀楼》化出来的。

更上一层楼　何峰

观·观永乐公主入蕃

扫码收看动漫

观·观永乐公主入蕃

金文

战国文字

篆文

隶书

看到一个“观”字，你想到了什么？或许是曹操《观沧海》中的“东临碣石，以观沧海”，或许是宋之问《灵隐寺》中的“楼观沧海日，门对浙江潮”，或许是李白《庐山谣寄卢侍御虚舟》中的“登高壮观天地间，大江茫茫去不还”，或许是《红楼梦》中贾元春的“天上人间诸景备，芳园应锡（cì）大观名”……

“观”，《说文解字》的解释是：“谛视也，从见，雚（guàn）声。”“谛视”，就是仔细看的意思。“雚”的甲骨文字形象类似于猫头鹰的大眼睛鸟，卜辞中常借为观看、审察之义。战国文字中出现“觀”字，加“见”增强表意。汉语中表示“看”这个意思的动词很多，如看、视、瞻、望、眺、相、观等。

那么，“观”的特点是什么呢？

第一，“观”字既从“见”，就点明观的对象物是客观存在的，如“观光”“观摩”。它不像“看”，看是看了，对象物却不一定存在。换句话说，“看”是只讲过程，不讲结果。“观”则既讲过程，也讲结果。同样，“观”也不像“视”，只是做了看的动作，实际上可能是“视而不见”。所以“观”必须有对象物，必须有结果。第二，观是有目的地看，且看得比较仔细。如“观察”“观瞻”“参观”等。

“观”也可以作名词，表示看到的景象，如“奇观”“大观”等；

表示对事物的认识，如“观点”“观念”等。

下面，咱们来看一首孙逖的《观永乐公主入蕃》，看看他在1300年前的大唐土地上，“观”到了些什么？

观永乐公主入蕃

孙逖

边地莺花少，年来未觉新。

美人天上落，龙塞始应春。

观永乐公主入蕃　王继红

这首诗的作者叫孙逖（tì），我们可能觉着有些陌生，可是在当时，“孙逖”却是个响当当的名字。

据元辛文房《唐才子传》记载，孙逖幼年时期就文思敏捷、文采斐然。青年时期，应各科考试，科科都是考第一，深蒙玄宗皇帝李隆基的赏识。那时孙逖和著名书法家颜真卿等齐名，被称为海内名士。

因为在京城做官，所以就有机会“观”到各种国家大典。这一次，他“观”到了永乐公主入蕃“和亲”的盛况。

唐朝开元三年（715），契丹首领李失活与唐王朝修好，被封为松漠郡王兼松漠都督。开元五年（717），玄宗皇帝将东平王的外孙杨元嗣的女儿封为永乐公主，嫁给李失活，前去和亲。

唐代皇帝喜欢把同姓的女子封为公主嫁给少数民族首领，这位“永乐公主”虽然姓杨，但身上毕竟还有李家皇室的血脉，所以也还勉强说得过去。但是由此我们也知道，那时的一些所谓“公主”，不一定真是皇帝的亲女儿。

“入蕃”，就是到蕃地去。“蕃”本写作“番”。“番”是少数民族居住地区，加上个草字头写作“蕃”，更能表示出其水草丰美的畜牧业特点。这首诗中的“蕃”，指的是松漠郡，也就是今天的内蒙古赤峰市翁牛特旗一带。

“边地莺花少”，是说偏远的松漠郡黄莺的鸣叫声很少，各种野花开得也不多。鸟语花香是春天的典型特色，“莺花少”，就是说那里的春光不明显。因此，才“年来未觉春”，就是说年都过了，人们还感觉不到春天的气息。但是永乐公主跟着丈夫松漠郡王从大唐回来，就像天上掉下个大美人，一下子就把那里的春光给点燃得明媚生动起来了。“龙塞”，就是今天的河北省喜峰口，这里借指松漠郡。

这首诗的一大写作特点，就是欲扬先抑。为了显示此次和亲的意义重大，先故意把松漠郡的自然春光写得一无足观，可是和亲的成功，却给这里的社会生活带来了更为美艳的春天，含蓄地歌颂了皇帝的英明。这是古人很高明的写法，就是颂圣也不会惹人生厌。

怨·春怨

扫码收看动漫

怨·春怨

战国文字

篆文

隶书

“怨”，是一种心理活动，所以字里有个“心”，上面的“夗”（yuàn）字本有圆转曲折的意思，所以由“夗”构成的字多暗含这个意义，如“婉”“蜿”“畹”“惋”等。“怨”是因积郁不平而导致的一种挥之不去、长萦绕于心的情绪反应。

“怨”这种情绪反应，古今也有不同。唐代之前表达的是“恨”，如《汉书·朱买臣》所言：“买臣深怨，常欲死之。”“深怨”就是痛恨。朱买臣因遭张汤的故意羞辱，心生恨意，常想置对方于死地。唐宋时，“怨”的仇恨之义逐步萎缩，埋怨之义使用率上升，到明清时期，完成了向埋怨之义的转移。“怨”词义的整体发展是由重到轻。

古代诗歌中以“怨”为题的作品层出不穷，尤其是宫怨诗和闺怨诗都很发达。“怨女”本指年长而尚未婚配的女子。如《孟子·梁惠王下》所云：“内无怨女，外无旷夫。”是指在家操持的女人、在外工作的男人都能找到配偶，成家立业。“怨女”也指独守空闺，与夫别居的妻子。

唐金昌绪《春怨》中的女主人公，就是这样一位怨女。

春　怨

金昌绪

打起黄莺儿，莫教枝上啼。

啼时惊妾梦，不得到辽西。

金昌绪这位唐代诗人，生平事迹不详，只留下了这首《春怨》诗。这样也好，凭一首小诗流传千古，给后人留下无穷的想象空间，就像古人所说的“神龙见首不见尾”，也算是一种不幸中的大幸了。

上一首诗《观永乐公主入蕃》中所说的“边地莺花少”，莺，就是这首诗中所说的黄莺。黄莺是候鸟，黄莺鸣叫的时候，正是春光大好的时节，因此在古代诗歌中，黄莺仿佛就是春天的代表或使者。

黄莺既然是春天的使者，能给人带来喜悦和美感，那么此诗为何劈头就来一句“打起黄莺儿”呢？干吗要打它呢？这不是违背常情吗？第二句对这个疑问进行了回答，打它是因为它在树枝上乱叫。

到这里，我们还不知道诗的主人公是一个什么样的人。是一个中

打起黄莺儿　张丽敏

年人还是一个青年人？是一个文明人还是一个鲁莽人？这前两句，就好比是京剧中的导板，是演员在幕后唱的。到第三句主人公就出来了，一亮相原来是一位闺中少妇。她说我打黄莺鸟，是因为它的鸣叫惊醒了我的美梦。哎呀，什么梦那么金贵，惊醒一下都不行。她说你不知道，这可不是一般的梦，这是我与丈夫相会的梦，我都准备了好几个月了。

婚后的女子梦到外出的丈夫，也是人之常情，这有什么值得大惊小怪的。我们还是不了解她，她丈夫不是外出，他是到前线打仗去了。辽西，指辽河以西地区，在今辽宁省一带。唐时，这里经常发生战乱，朝廷需要派兵去征戍，这位少妇的丈夫就是这征戍部队中的一位战士。

至此，我们终于明白了事情的原委，也体谅了她的看似不合情理的举动。因为在时常发生战争的年代，结了婚不代表你就有丈夫，杜甫那首有名的《新婚别》说的就是这样的例子。

这四句小诗就像一个微型电影剧本，煞是精彩。少妇说："打起黄莺儿。"丫鬟说："为什么呀？"少妇说："莫教枝上啼。"丫鬟说："啼咋了？"少妇有点生气了，说："啼时惊妾梦，不得到辽西。"丫鬟顿时明白，后悔刚才孟浪，因为只有她才最晓得少妇的"怨"哪。"好了，我去打它，您接着睡吧。"——睡着了没有呢？诗人没说，我们不知道。读者们可以凭着自己的想象，去为她设计一个合理的下一步。

按《佩文诗韵》来说，这首诗整体上押的是"上平声八齐韵"。可是在"八齐"中，找不到与"黄莺"组合的词，就只好到"四支韵"中找一个"儿"来，凑成"黄莺儿"。"儿"读音接近ní。

设想一下，若是由一位少妇这样读出来"打起黄莺泥"——是不是像《红楼梦》中咬舌的史湘云一样可爱？

掖·左掖梨花

扫码收看动漫

掖·左掖梨花

战国文字

篆文

隶书

老师若在黑板上画这个形状，问学生，这像什么？学生们一定会异口同声地回答“人”。老师接着在人两臂下点两个点，问，这是什么部位呢？学生们会说是“腋”。古人也是这样想的，而且用这个方法造出了甲骨文“亦”字。

以“亦”表示腋，在文献中是很少看到的，因为在上古汉语中，“亦”就做副词用了。“亦”加“夕”构成（夜）字，再加手构成（掖）字用来表示腋。我国甘肃张掖市，西汉时为张掖郡，据《汉书·地理志下》集注引应劭语：“张国臂掖，故曰张掖也。”意思是这里就像汉朝张开的臂腋，所以叫作张掖。

因为“腋”是分布在人体两侧的，所以后来“掖”引申指两旁的。如“掖门”是指宫殿正门两旁的边门。“掖庭”是皇宫的旁舍，是妃嫔所住的地方。

我们现在常用的“腋”字，是由“掖”分化出来的字，分化的手段是偏旁的改变。分化后“掖”是动词，表扶持，如“奖掖后学”；而“腋”是名词，指腋窝。唐朝时，位于皇宫左边和右边的门下省和中书省，像人之两腋，又如同左膀右臂一样辅助着朝廷，左掖、右掖又分别指这两个机构。

左掖梨花

丘为

冷艳全欺雪，余香乍入衣。
春风且莫定，吹向玉阶飞。

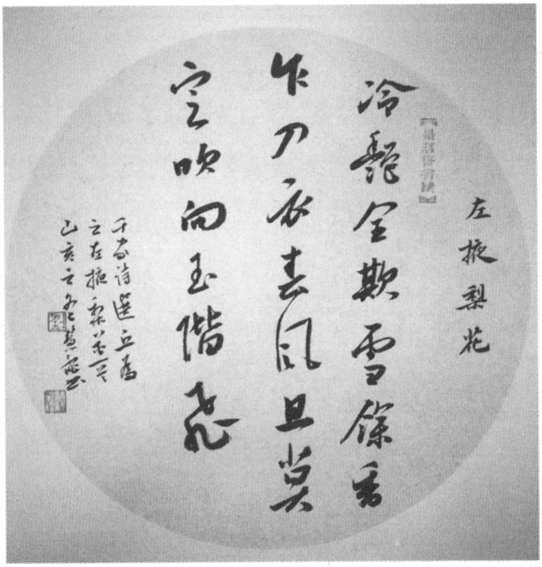

左掖梨花　刘慧龙

丘为活到96岁，可能是唐代诗人中年龄最大的一位了。他在朝中，曾做过左散骑常侍这样的官。散骑常侍是皇帝的侍从，在朝内负责规谏过失，备皇帝顾问，出朝则骑马跟随皇帝车骑（qí）。唐时，散骑常侍分为左散骑常侍、右散骑常侍。左散骑常侍属于门下省，右散骑常侍属于中书省，丘为担任的是左散骑常侍。诗题中的“左掖”，本是宫城正门左边的小门，唐时指门下省。

唐朝皇帝喜欢梨花，盛开的梨花就成为皇宫的一道风景。比如唐玄宗时有所谓“梨园弟子”，就是歌舞演员。他们受训学习排练的地方，就在长安城内的梨园。再比如，丘为所在的门下省的院子里，也开满了梨花。梨花白白胖胖，正符合唐朝人的审美习惯，所以白居易在《长恨歌》中用“梨花一枝春带雨”来形容杨贵妃幽怨的神态。现代京剧《大唐贵妃》中也把一曲《梨花颂》响彻中国大地：“梨花开，春带雨；梨花落，春入泥……”

那么，在丘为的眼里，梨花又是怎样的呢？

“冷艳全欺雪”，“欺”在这里是在气势或精神上压倒对方的意思。谁压倒了谁呢？是“梨花”压到了“雪”。雪只“冷”不“艳”，梨花又“冷”又“艳”，具有两个特点的当然就压倒具有一个特点的了。这个“全”字，看似普通，其实用得极好。江苏民歌《茉莉花》中说“满园花开雪也白不过它”，这里的“全”就相当于《茉莉花》中的“满园”。

“余香乍入衣”，“余香”是多余、剩余的香。香味主要凝聚在枝头的花朵上，飘散在空中的就是它的“余香”——真是“满园花开香也香不过它”。香本来是看不见摸不着而全凭闻的，在此作者避熟，不写闻，而写风一吹，花香一下子就钻入了衣襟袖管。仿佛人不是通过鼻子闻到了花香，而是通过四肢百骸体贴到了花香。

后来宋李清照在《醉花阴》词中说“东篱把酒黄昏后，有暗香盈袖”，用的也是这种写法。当然，若是大观园中的林黛玉到此一游，回去后贾宝玉又得扯着袖筒闻半天了。

“春风且莫定，吹向玉阶飞”，是说春风啊，你不要停下，请把纷飞的梨花吹向宫中的玉石台阶，让皇帝也欣赏一下它的冷艳和芳香吧。它托物言志，含而不露地表达了诗人希望得到皇帝赏识的幽微心思，艺术手法很是高明。《红楼梦》写薛宝钗在《临江仙》

词中咏柳絮，也云“好风频借力，送我上青云”，用的也是同样的写法，惹得众人拍案叫绝。

此诗说梨花“冷艳全欺雪”，唐岑参《白雪歌送武判官归京》说“忽如一夜春风来，千树万树梨花开”，一个把梨花比作雪，一个把雪比作梨花，戏法人人会变，就看手段如何。

思 · 思君恩

思·思君恩

战国文字

篆文

隶书

孟子有一段话，说得很精彩：“耳目之官不思，而蔽于物。物交物，则引之而已矣。心之官则思，思则得之，不思则不得也。此天之所与我者。”

意思是，你别看人的耳朵和眼睛作用明显，其实这两个器官都不会思考，只不过是两件物品罢了，因此常被其他事物所蒙蔽，容易被引向迷途。心脏这个器官则不然，它的作用是用来思考的。只要思考就会明白事理，不思考就不会明白事理。其他东西都不会思考，只有人类善于思考，心脏这个美妙的器官是上天特意赏赐给人类的呀。

因此，人们常说的“耳聪目明”，表面上是指人的耳朵、眼睛好使，其实反映的还是人之心灵的敏锐灵动。

可是“思”字为何写为上“田”下“心”呢？难道是让我们整天想着置办田产，做个土豪地主不成？

其实，“思”字原本由“囟”(xìn)和“心”两部分组成。“囟”，古文字是画了个囟门、脑门儿的样子，指头脑。所以，“思”是指用头脑思考，用心灵感受。后来为了书写方便，人们就把“囟”变成了“田”，所以我们想要知道“思”的原本意思，就得费一番思考了。

人们每天都在思考。思学习、思工作、思社会、思自然、思亲情、思友谊……可在古代，有那么一群人，却偏偏整天想着国君的恩泽。

这是怎么一回事呢？我们来看令狐楚的这首《思君恩》。

思君恩

令狐楚

小苑莺歌歇，长门蝶舞多。

眼看春又去，翠辇不曾过。

思君恩　王继红

令狐楚是唐代的男性诗人，可这首诗却是他站在女性角度来写的。

中国古代诗歌史上有一个传统，很多诗词都是以女性口吻写成，而其作者却是男性。就以整部《全宋词》而论，若把男性词人为女性代言的作品去掉，全书将会篇幅大减、精彩大损。因为古代平民女性大多文化水平较低，不会写作诗词；就是有文化的贵族女性，限于各种礼教约束，也不能或不便写作诗词。她们有了丰富的思想感情，需要抒发、需要倾诉，也只能默默忍着，顶多也就是对月流泪、见花叹息，她们想不到把情感写到纸上，来寻找十年、百年抑或千年之后的隔代知己。

多亏还有男性诗人、词人，就像民国时候京剧界的“四大名旦”，他们个个都是纯爷们，可他们善于体贴女性，他们的心思细腻柔婉，并不因他们的身材粗大而粗鲁，因此人们称赞他们装扮起来，锣鼓一响走上红氍毹（qú shū），比女人还女人。因此，我们说，中国古代的女性心灵史，主要是由男性用诗词来写成的。这首诗，就是个很好的例子。

中国古代的皇帝，都有很多妻子。唐白居易《长恨歌》说“后宫佳丽三千人”，虽然不免夸张，但据明文记载，唐朝皇帝的后妃就有122人之多。这么多的妃子，皇帝一个人怎么照顾得过来呢？后妃们又怎能雨露均沾呢？因此，有的妃子就成年累月住在别庭小院里，翘首祈盼皇帝的恩宠，就像田野的庄稼祈盼天上的甘霖。

“小苑莺歌歇”，是说小小院落里，树上的黄莺鸟都停止唱歌了。它们为什么不唱歌了呢？因为春天快结束了，它们求偶的恋歌也就停歇了。俗话说“人物一理”，幽居的妃子看到黄莺鸟求偶恋爱，自然就想到自己得不到皇帝的爱恋，不免默默伤心含泪，就像早晨树叶上的滴滴露珠，小鸟一叫就弹落下来。

可巧，莺歌刚歇，真要命，又有成群的蝴蝶飞来，在空中跳着求偶恋爱的舞蹈，就像踩踏在心弦上，虽然不至于踩断，却也弄得人着实坐卧不安——这不免又使伤心增加了几分。“长门蝶舞多”的“长门”，指汉朝的长门宫，是汉武帝失宠皇后陈阿娇——就是“金屋藏娇”的那个“娇”居住的冷宫，这里指失宠妃子居住的小院。

“眼看春又去，翠辇不曾过”，是说眼巴巴地盼了一个春天，皇帝也没有来，希望又一次变成了失望。“翠辇”，指皇帝在宫中乘坐的装饰着翠鸟蓝色羽毛的车子。这里用“翠辇”代指皇帝，语气显得更为深厚婉转，避免了抒情的直白呆滞，已达到古人要求的“温柔敦厚”“怨而不怒”的美学境界。

这首诗第二句末字是“多”，属“下平声五歌韵”，而第四句末字“过”现在却是读去声，这看起来似乎不押韵了。其实，在《佩文诗韵》中，“过”既属于“去声二十一箇”，又属于“下平声五歌”，正好和“多”同韵，所以“过”与“多”押韵是没有问题的。

我们平时描写春景，喜欢用“莺歌燕舞”，学过这首诗后，大家写作文时，试着用用“莺歌蝶舞”，是不是也觉别有情趣？

题 · 题袁氏别业

扫码收看动漫

题·题袁氏别业

篆文

隶书

人们看报纸或浏览网页，往往喜欢先扫视一下文章的标题，感兴趣了才会去看下面的文章。标题的重要性不言而喻。有人说标题是文章的眼睛，而在古代“题”却是指人的额头。

这是什么道理呢？我们先来看看“题”字右边的这个“页”字。

“页”甲骨文字形，画了个人形，突出了人的脑袋。因此，“页”的本义是头，由“页”构成的字多和头有关，如“颅”指头，“额”指额头，“颠”是头顶，“颇”指头偏，“顾”是回头……“题”也是指额头，其中的“是”用来表音。

“额”位于人的上部，同理引申，悬挂在建筑物的上端显要位置，题写有文字的长方形牌匾，称为匾额。一篇文章的最上面概括而醒目的词句叫作题目或标题。如果一个人写的文章“文不对题”，常被认为“跑题”了。古代的书籍、碑帖、字画上都写有各种说明文字，写在前面的叫“题”，写在后面的叫“跋”，合称“题跋”。

为名胜古迹题写的诗词称为题咏诗，一般是写景并抒怀，如刘禹锡的《金陵五题》、杜牧的《题扬州禅智寺》等。题咏诗多是思接古今、大气磅礴，而下面要说的这首《题袁氏别业》，却是一股浪花簇起的小清流。

题袁氏别业

贺知章

主人不相识，偶坐为林泉。

莫谩愁沽酒，囊中自有钱。

提起唐代诗人贺知章，可谓耳熟能详、妇孺皆知。这是因为他那首《回乡偶书》:“少小离家老大回，乡音无改鬓毛衰。儿童相见不相识，笑问客从何处来。”这首诗表现出贺知章的和蔼与童真，很得古今男女老少的喜爱，若是在广大民众中为唐诗拉票，这首诗肯定排前几名。

贺知章还有狂放纵诞的一面。唐杜甫有一首《饮中八仙歌》，集中写了当时的八个“酒仙”，第一个就是贺知章。杜甫说“知章骑马似乘船，眼花落井水底眠”，他倒不一定真喝花了眼掉到井里爬不上来，可他那个像坐在船上摇来晃去的醉态可掬的样子，却让人忍俊不禁，心生喜感。后来他更加随意任性，索性自号“四明狂客”。一个“酒”，一个“狂”，就可以概括其性情之大端。

“别业”，就是别墅。多建在风景幽独之地，便于休闲养生。唐朝人喜欢修建别业，修养身心。就连杜甫这样的穷困潦倒之人，手头稍感宽裕，口袋里有几个钱碰得叮当响，也忍不住在成都浣花溪畔辟荒建堂，或夕窗对雨，或朝沐山岚，过了一段较为开心的日子。现代诗人冯至很看重这个草堂，说:“从此这座朴素简陋的茅屋便成为中国文学史上的一块圣地，人们提到杜甫时，尽可以忽略了杜甫的生地和死地，却总忘不了成都的草堂。”

题袁氏别业　赵红云

不知是喝醉了还是什么原因，这天贺知章竟走进人家袁氏的别墅里来了。袁氏既然有别墅，还能引惹得贺知章进去看看，可见其人和其园林景观在此地都有一定影响。贺知章此行，说不定还隐隐有点想结交一位异人的意思。

可是贺知章尽管有名，却也不是任何人都知道他、尊重他。他看到一个人向他走过来，刚想上去搭话，那人却说："你是谁呀？你来干吗？"贺知章虽然狂却不吹，因此也没好意思自报家门——万一说出来人家还不知道，岂不更没面子？就说：“没别的事，就是偶然经过进来坐坐看看您的山林泉石。”那人表现得有点冷漠，面无表情地说：“快开饭了，只是没有酒。”这显然是辞客的意思了。

贺知章一听也就明白，站起来拍拍口袋说：“你不要愁打酒，咱有钱，咱出去买上回家喝去！”遂要来笔砚写下这首诗，转身走了出来，心里说：“毕竟，不是所有中国人都那么在乎我。”这种写法，真是风趣幽默极了。

夜·夜送赵纵

扫码收看动漫

夜·夜送赵纵

甲骨文

金文

战国文字

篆文

隶书

静谧的夜晚，散步草坪。有人问：“你说‘夜’为什么叫‘夜’而不叫别的？”你举头望月说：“唐李白在《把酒问月》诗中云：‘今人不见古时月，今月曾经照古人。’甲骨文的‘夜’字中就有一个‘月’表示时间，其余部分是‘亦’字，表示这个字的读音。在《说文解字》中许慎这样说：‘夜，舍也，天下休舍也。’他认为天下人都在屋里休息睡觉的时候就是‘夜’，怪不得古人管鼾睡叫‘黑甜’——古人的思维够风趣幽默的吧。”

“夜”再“黑”再“甜”，也有人难以入眠。青灯黄卷、焚膏继晷是古代读书人的常态，而像车胤囊萤、孙康映雪、匡衡凿壁偷光、苏秦刺股、孙敬悬梁等一幕幕深夜苦读的场景，更是激励着历代学子的向学不倦之志。

古人还把自黄昏至拂晓的时间分为甲夜、乙夜、丙夜、丁夜、戊夜五个时辰，又称“五夜”或“五更”。唐颜真卿《劝学》诗云：“三更灯火五更鸡，正是男儿读书时。”是说夜晚读书要读到三更天，相当于现在夜里十二点左右；早晨五更天，也就是四五点钟，又要伴着鸡鸣起来读书了——这样才可能有所成就，不负韶华岁月。

又一个静谧的夜晚到了，请你打开一本《千家诗》，看看唐朝的那个夜晚，著名诗人杨炯在干什么？

夜送赵纵

杨炯

赵氏连城璧，由来天下传。

送君还旧府，明月满前川。

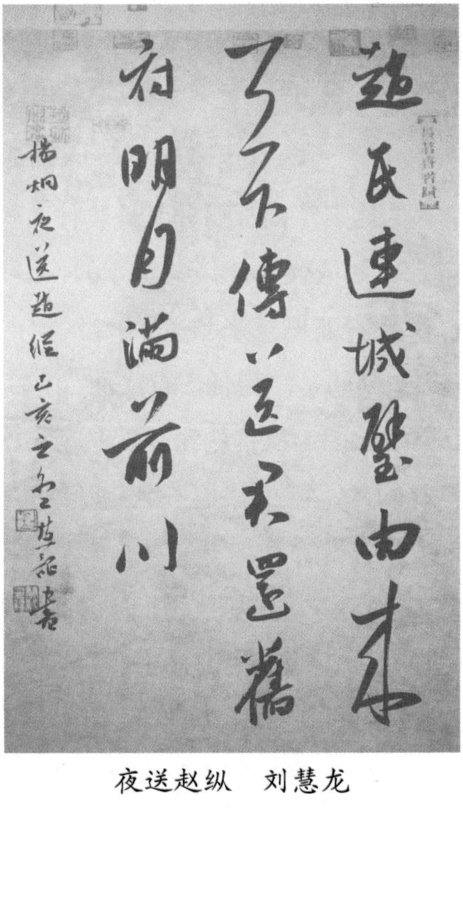

夜送赵纵　刘慧龙

在当时杨炯名声很大，和王勃、卢照邻、骆宾王齐名，合称“初唐四杰”。杨炯的诗文如瀑布飞泻，不假雕饰而气势极大。《唐才子传》说，他看不惯那些矫饰做作的人，讽刺他们为“麒麟楦（xuàn）”。楦，即楦子，就是做鞋用的木制模型，引申为物体当中的填充物。有人问他，你说某些人为麒麟楦，这是什么意思？他说：“你没看到那些舞弄麒麟的人吗？他们画出麒麟的形状披在驴背上，看上去像是件神异之物，等揭去假皮，只不过是一头蠢笨的驴子而已。”

俗话说“文如其人”，杨炯痛恨假饰之人，自然也就瞧不上装模作样的诗文，因而自己写诗文也就喜欢痛快淋漓、开合自然。这首《夜送赵纵》，就是一个很好的例子。

诗一开头就说“赵氏连城璧”，这是古代诗文中以物喻人的写法，很普遍却也很巧妙。当然，不是所有物体都能和所有人发生联系，其中的关键是人的姓名字面上要和某件物体有关联，让人容易产生彼此之间的联想。比如清代《聊斋志异》的作者蒲松龄，字留仙，他的朋友张笃庆就在《答蒲柳泉来韵》诗中说：“君自神仙客，吾岂帝者师。”“神仙客”扣紧的是“留仙”的“仙”字，“帝者师”扣紧的是自己的姓氏“张”字，因为汉代的张良就是著名的“帝者师”。赵纵姓赵，连城璧是赵国的，两个“赵”字一联系，就有了这第一句，写来毫不费力而又颇显精彩。

所谓“连城璧”，就是汉司马迁《史记·廉颇蔺相如列传》中所记载的赵国得到的那块和氏璧。赵国得到这块璧后，被秦王知道了，就说要用15座城来交换这块璧。赵国不敢不给秦国，就派蔺相如捧着“和氏璧”去献给秦国。蔺相如凭着自己的机智勇敢，斗败秦王，使这块璧又回到了赵国，这就是历史上有名的“完璧归赵”的故事。

“由来天下传”，是说自古以来天下人都赞美“和氏璧”，把它看作是天下最珍贵稀缺的宝物，言外之意就仿佛唐高适《别董大》诗所云“天下谁人不识君”，是借赞美玉来赞美人。

“送君还旧府”，是暗用“完璧归赵”的意思，说赵纵这位朋友就要回到他的家乡从前的赵国故地去了，我来为他送行。“明月满前川”既写出了送别的时间和场景，又照应到了诗题中的一个“夜”字，杨炯真是才气纵横，水到渠成，提笔就来，落笔就是。

“明月满前川”的这个“满”字用得很漂亮。月光洒在路上，就如同水潋滟在河中。晋陆机《文赋》中说“石韫玉而山辉，水怀珠而川媚”，这时，连城璧的光辉和月光融合在一起，一派光风霁月。这充分证明赵纵是个有真才实学的人物，而不是一个装模作样的“麒麟楦”。

馆 · 竹里馆

馆·竹里馆

篆文

隶书

古书《周礼·地官司徒》上说："五十里有市，市有候馆，候馆有积。"意思是每隔五十里就有一个集市，每个集市上都有旅馆，每个旅馆里都有储备的粮草，供来往之人使用。

"馆"，《说文解字》的解释是："馆，客舍也。从食，官声。""馆"字的左边本来写作"食"，后简化为"饣"，表明"馆"不仅为宾客提供休息之处，还为宾客提供饮食之需。

过去，"馆"还有一种写法，作"舘"，左边为"舍"，点明"馆"为住宿之处。"馆"的这两种写法，意义互补，吃、住都有了。古人造字，可谓匠心独运，角度精准。

古代帝王在都城之外的苑囿馆舍称为"离宫别馆"。汉朝司马相如在《上林赋》中说："离宫别馆，弥山跨谷。"就是说，当时这种华丽的馆舍遍布山谷，数量很多。建馆的地方往往有林泉之致，除了饮食起居之用，还可观景览胜。如北京圆明园有杏花春馆，是春天观赏杏花之所；扬州瘦西湖有流波华馆，是临水观舟之处。也有文人雅士把自己的书房称作馆，如苏州留园的五峰仙馆、林泉耆硕之馆等，都是闻名天下的文化景观。

1200多年前，王维独自坐在竹里馆，即竹林深处一座幽静的房子里，抚琴长啸，这忘情而动人的一幕，把月光都吸引来了——

竹里馆

王维

独坐幽篁里，弹琴复长啸。

深林人不知，明月来相照。

王维，字摩诘，是盛唐著名山水田园诗人。“维摩诘”是佛经中一位著名居士的名字，因为王维的母亲是虔诚的佛教徒，所以就用佛教中居士的名字来为王维命名。有人说，在梵文也就是古印度语中，“维”是“没有”的意思，“摩”是“脏”的意思，“诘”是“匀称”的意思。那“维摩诘”就是洁净匀称没有污染的意思了。

可是，著名史学家陈寅恪先生却有另外一番解释，也放在这里，以广大家之见闻。陈先生说，在梵文中，“维”是降伏的意思，“摩诘”则是恶魔的意思。那么，王维就是王降伏，王摩诘就是王恶魔了。这样一解释，王维的名和字分开来看就有点别扭了。好在古人的名和字是连在一起互相补充的，所以王维字摩诘，“维摩诘”连起来就是降伏恶魔，整体看来意思还不算差。

王维隐居在蓝田他的“辋川别业”里，写有著名的《辋川集二十首》。别业，是主人正宅之外的房产，就是别墅。前面讲贺知章那首《题袁氏别业》时，我们已经详细说过了。“竹里馆”是王维辋川别墅的胜景之一，因房屋周围长满幽密的竹林，故有此佳名。

篁，是竹林；幽篁，就是幽深的竹林；“独坐幽篁里”，就是独自坐在幽深的竹林里。又是弹琴，又是长啸，又是弹着琴长啸，又是长啸着弹琴。在这里，“弹琴复长啸”文字排列上有先后，实际动作、表情并没有次序，是连环不绝或手口并举的。

独坐幽篁里　赵红云

宋王禹偁有一篇名文《黄冈竹楼记》，因为选在《古文观止》里边，所以很多人都耳熟能详。王禹偁说，他建了两间小竹楼，破开粗大的竹子做屋瓦，自己像住在一个巨大的音箱里。夏天最喜欢急雨，有瀑布声；冬天最喜欢密雪，有碎玉声。最喜欢鼓琴，琴调虚畅；最喜欢咏诗，诗韵清绝；最喜欢围棋，子声丁丁然；最喜欢投壶，矢声铮铮然——这都是竹楼的功劳啊。

王禹偁还只是以竹子做屋瓦，就有诸般乐趣；王维是竹墙、竹瓦、竹窗、竹户、竹床、竹几，置身在辽阔的竹林里，那是一种怎样的音响效果？大概整个人也变成竹子一般中空而多响了吧。

琴韵悠扬，啸声长飘，却没有惊动任何人。因为竹林太幽深了，只有天上的一轮明月洒下万道丝缕，照在诗人如丝的长发和如丝的琴弦上。这时，如果嫦娥有兴趣，也会抽出长笛，忍不住和奏一曲吧？但是她没有，琴啸停歇之后，万籁俱寂，突然之间静似远古——没有王维那般的佛性，一般人或许还享受不了这里的幽和静呢。

王维的友人裴迪有一首同题的唱和诗，说："来过竹里馆，日与道相亲。出入唯山鸟，幽深无世人。"怎样写同题诗或同题作文，于此大家也许别有会心吧。

明月来相照　何峰

入 · 送朱大入秦

入·送朱大入秦

甲骨文

金文

战国文字

篆文

隶书

东晋王羲之，是我国古代大名鼎鼎的书法家。一次，皇帝去北郊祭祀，命他在木板上书写祝词。雕刻时，工匠惊奇地发现，其墨迹渗入木板中竟然有三分深。皇帝不由称赞道：“右军的字，真是入木三分啊！”王羲之曾做过右军将军，说“右军”是用官职代称人。后来，人们常用“入木三分”来形容写文章或者说话观点独到，见解深刻。

“入”，甲骨文、金文字形都像是楔子一类的有锋利尖角的东西，以此形状来表示进入。“入”字字形最初易与“人”字混淆，到东汉时期，“入”字基本确定为左撇短写、右捺探头的形式。

“入”的使用范围非常广泛，可以说是“无孔不入”。如“入耳”“入口”“入眼”“入心”“入骨”等，又如“入城”“入关”“入京”“入海”等。

唐朝诗人们交友广泛，游迹广布，今天访这个文友，明天送那位诗朋，出得这座城，入得那个城，出和入对他们来说都是寻常之事，这也丰富了诗歌创作的内容。

孟浩然面对挚友入秦离去，也深情地赋诗一首——

送朱大入秦

孟浩然

游人五陵去，宝剑值千金。

分手脱相赠，平生一片心。

送朱大入秦　王继红

除了前边说过的以地名称人、以官职称人，唐朝还有以排行称人的习俗。五言绝句中后面还有一首韦应物的《秋夜寄丘二十二员外》，等讲到七言绝句的时候，还有一首王维的《送元二使安西》。

另外，前面我们讲《送郭司仓》时，还提到一首王维的《齐州送祖二》——这“丘二十二”“元二”“祖二”，所称呼的都是人的排行。

这首诗中的“朱大”叫朱去非，朱大是他的排行，证明他在朱家弟兄们中排名第一。这一次，朱大要“入秦”，就是要到长安去，孟浩然写这首诗和他依依道别。

五陵，在储光羲那首《洛阳道》中已经讲过。因为是有名的富人居住区和风景游览区，所以是长安一带的地标性地区，也有人说“五陵”就指繁华富庶的京城长安。

唐朝的诗人都不文弱。道骨仙风的李白在《侠客行》中就曾说：“十步杀一人，千里不留行。”李贺给人的印象似乎是愁眉苦脸加弱不禁风，他也曾在《南园》诗中发誓：“男儿何不带吴钩，收取关山五十州？”看来尚武精神在唐代诗人的身上还有所表现，他们还不像后代诗人那样只以刀剑做装饰，甚至只是诗歌中的装饰而身上并无刀剑佩带。唐代有些诗人出行时是随身带着兵器的，该出手时就出手，杀人或许也不只是说说而已。

朱大要去游长安，孟浩然仗剑送了一程又一程，送到不能再送的时候，还是不愿分别：跟朋友去？事有不能；撇下朋友回去，情有不忍。在万般无奈之时，突然灵机一动，将手中的千金宝剑脱手相赠：“朱兄拿着我的宝剑上路，也就等于我捧着一颗心与你同行了！”英气豪迈，与《春晓》中那个卧听啼鸟问落花的悠闲形象大有区别，让人很感新鲜惊奇——躺在床上是个文弱书生，站在路上原来是个英武侠士。

俗话说“秀才人情半张纸”。孟浩然这么大的诗人，写一首诗赠给朋友，已经是莫大的人情了，更何况以千金宝剑相赠，更何况赠送得毫不犹豫？李白刚入长安时，贺知章一见倾心，称其为“谪仙人”，立即招呼上酒，偏巧忘了带酒钱，也是毫不犹豫解下佩戴的金龟换酒。这就是豪迈的唐代诗人的风采。

一千多年后一个秋日的早晨，寒风冷雨，曹雪芹从北京西郊进城拜访朋友，遇到了好友敦诚。曹雪芹突然上了酒瘾，就像得了癫狂病一般。当时敦诚身上没带银子，就把佩带的宝刀换了酒喝。酒后，曹雪芹大呼过瘾，写一首长诗表示感谢，敦诚也写一首《佩刀质酒歌》作为酬答，其中还回忆起了贺知章金龟换酒的故事。可见，在真正的友情面前，再金贵的身外之物都算不了什么了。同时也证明，后代诗人虽然日渐萎靡，但唐人英风豪气的流风余韵还是不绝如缕，时有回响。

诗中的一个“脱”字是其诗眼，可谓著一“脱”字而形象全出。读者在此等用字处需细心体会，对写作才会慢慢产生效果。

曲 · 长干曲

扫码收看动漫

曲·长干曲

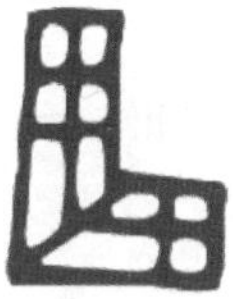
甲骨文

金文

战国文字

篆文

隶书

古人常借事物的形态或属性来表达某种抽象的概念。例如“曲”，甲骨文、金文、小篆的字形都像一种弯曲形的盛物器皿。有学者认为是蚕箔（bó）。蚕箔是由苇和竹等编织而成的，质料细软，物体盛放进去之后，蚕箔的底部就会弯曲变形。由此，“曲”也就自然产生了“弯曲”的意义。

古代在农历三月上巳日（后定为“三月三”）这一天，男女老幼到河边沐浴，并在水滨宴饮，认为可祓（fú）除不祥，这一风俗叫“曲水”。后来文人们聚会时，将其发展为引水环曲成渠，将装有酒的杯子放入水中漂流，取而饮酒者要赋诗一首，相与为乐，雅称为“曲水流觞”。

古今娱乐中，乐曲是不可缺席的。“曲”表示乐曲、歌谱的意义，历史悠久，先秦时代就产生了。此义读为qǔ。据《文体明辨·乐府》云，“曲”的得名是由于音乐“高下长短，委曲尽情”。如此看来，这个意义也与“弯曲”存在着关联。因乐曲经常配词演唱，故所配歌词就称为“曲子词”。

广义的“曲”包括秦汉以来各种可以入乐的诗歌作品。到后来，尽管诗人们作诗还喜欢用“曲”字，其实这样的诗歌只是模仿前代作品的语言风格，已经不能唱了，比如崔颢的这首《长干曲》——

长干曲

崔颢

君家何处住？妾住在横塘。
停船暂借问，或恐是同乡。

崔颢也是唐代的名诗人，和李白仿佛年纪。诗名之高，不是凭空而来，当然得力于其诗作水平之高。崔颢诗作水平有多高呢？据说曾经让李白搁笔长叹。

《唐才子传》云，崔颢游武昌，登黄鹤楼，感慨赋诗——这就是后面我们要讲到的七言律诗中的那首《黄鹤楼》。后来李白也到了这里，也欲赋诗，忽然抬头看见崔颢这首诗，就说：“眼前有景道不得，崔颢题诗在上头。”遂无作搁笔而去。

现在人们去游黄鹤楼，还能看到楼下有一座亭子，名曰“搁笔亭”，据说此亭就是为此事而修建的——李白名声太大，就算搁笔不写诗，也有人乐意为他建亭子。

《长干曲》，是乐府旧题，是南朝时南京一带的民歌名。也就是说它不是这首诗专有的题目，凡是运用这类形式描写这类内容的诗歌，都可以叫作长干曲，如宋郭茂倩所编的《乐府诗集》中有一首《长干曲》，就写得非常精彩：“逆浪故相邀，菱舟不怕摇。妾家扬子住，便（pián）弄广陵潮。”借一个采菱女的口吻，描绘出了一个生动的弄潮女子的形象。崔颢所写《长干曲》是四首组诗，这是其第一首。

长干，是古代南京地名长干里的简称，在今秦淮区秦淮河以南至雨花台以北一带。唐李白那首《长干行》写“郎骑竹马来，绕床弄青梅。同居长干里，两小无嫌猜”，说的也是这里的事情。唐时许多长干里人以舟船为家，以采集莲藕为业，从这组诗的其他几首来看，崔颢《长干曲》中所写这个船家女，所从事的也应该是采莲——采莲花、采莲蓬、采莲藕——这一传统职业。

妾住在横塘　张丽敏

“君家何处住？”称呼对方为君，显见那是一位男性。这个女孩正在采莲，有位男子划着船从她船旁经过。住在水乡的人都知道，他们乘船就像陆地上的人乘马骑驴一样简单而普遍，船是他们的交通工具，也是他们的劳动生产工具。

大概这个女孩采莲走远了，就如宋欧阳修《蝶恋花》词所说“雾重烟轻，不见来时伴”，天黑自己回家有点害怕。她见有男子从船旁驶过，就急忙问：“你住哪里呀？我住在横塘，能不能一块儿回去啊？”横塘也是南京的古地名，就是秦淮河南岸大堤一带。

当然，古代诗词里还有一个横塘也挺有名，如宋贺铸《青玉案》词云：“凌波不过横塘路，但目送，芳尘去。”这个“横塘”在苏州附近，和崔颢诗中的这个横塘名同地异，不在一个地方。

女孩这一问，男子肯定回答了，从他的回答声中，女孩发现他的口音与自己有几分相像，就一手抓着莲蓬，一手招呼着说：“哎，你停停，你停停，我再问你几句，弄不好咱俩还是同乡呢！”把诗歌写得既像小说又像戏剧，并且颇具喜剧效果，手段可谓非常高明。

咏·咏史

扫码收看动漫

咏·咏史

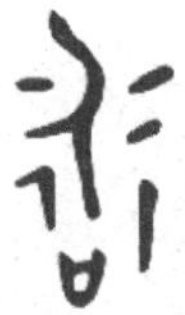
金文

篆文

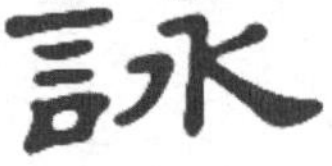
隶书

《礼记·檀弓下》云："人喜则斯陶，陶斯咏。"人遇到喜事就开心，开心就想歌唱——"咏"就是歌唱。古文字中"咏"还有种写法是"詠"，无论是"言"还是"口"，都是在表示用嘴巴唱。"永"既表示该字的读音，还表示咏唱是曼声缓吟，长声而歌。

"咏"可以抒发内心的情感。如"竹林七贤"之一的阮籍，流传下来的《咏怀诗》近百首，使洛阳纸贵的那个左思，也有著名的《咏史八首》。这都是文学史上抒发郁闷咏叹情怀的名作。

"咏"还常用于表达赞美或感叹。世间值得赞颂的东西太多，故而以"咏"为题的诗歌蔚为大观，如《咏鹅》《咏柳》《咏梅》《咏雪》等。东晋谢安曾和族人子弟一起赏雪，他问："白雪纷纷何所似？"侄子谢朗说："撒盐空中差可拟。"把雪比作盐，谢安觉得不够称意。侄女谢道韫接着说："未若柳絮因风起。"将飘洒的雪花比作因风而舞的漫天柳絮，谢安赞赏不已。

由此，后人便以"咏絮才"赞美女子有才学。《红楼梦》太虚幻境的"金陵十二钗"正册判词说"可叹停机德，堪怜咏絮才"，前半句是形容薛宝钗品德高尚，后半句就是用这一典故来形容林黛玉才思敏捷。

高适没有黛玉那样清高，也没有宝钗那样温婉，我们看一千多年前，他"咏"了些什么？

咏　史

高适

尚有绨袍赠，应怜范叔寒。

不知天下士，犹作布衣看。

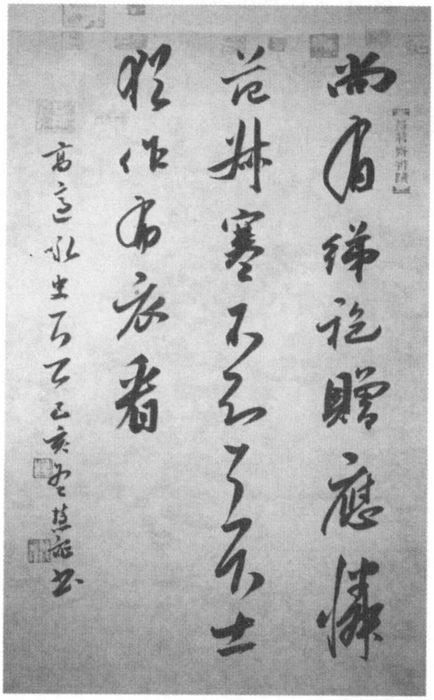

咏史　刘慧龙

高适是唐朝著名诗人，边塞诗特别有名，官也做得很大。前面我们讲《左掖梨花》时，说作者丘为官至左散骑常侍，活到96岁。高适年龄虽然没有丘为活得长，只活到六十五六岁，官却比他做得大，不但当过左散骑常侍，后来还封了渤海县侯。在唐代，封侯的诗人少之又少，所以《旧唐书》称："有唐以来，诗人之达者，唯适而已。"就是说整个唐代，诗人官做到这么大的，只有高适一个人而已。

此诗题目为“咏史”，说明这是借咏叹历史事件或历史人物，来抒发情感、发表议论、表达自己对现实问题的看法。这类诗多数都是为真情实感而发，或面对古人联想到了自己的身世，或面对古事联想到了眼前的形势，不能是无病呻吟的泛泛而谈。咏史诗为中国古代诗歌中的一大门类，高适这首《咏史》便是其中的名作。

高适虽然最后官做得大，可是其前半生在仕途上却一直碌碌无为，直到50岁左右遇到大将哥舒翰，才时来运转，逐渐飞黄腾达。在这首《咏史》中，高适咏叹的是范叔的贫寒，据此大致可以推断，这可能是高适仕途发达前心有不平时的作品。

范雎（jū），是战国时魏国人，他的字叫“叔”，所以有时称其为范叔，并不是现在的李叔、张叔、王叔那样的“叔”。他想为魏王服务，可是家贫无钱，缺少活动经费来疏通关系，就只好先去做中大夫须贾（jiǎ）的门客。

一次，范雎跟随须贾出使齐国，齐王很佩服范雎的口才，就派人送给范雎十斤金子，并好酒好肉招待他。回到魏国，须贾告诉魏相，说范雎里通外国，收受齐王的礼物，泄露了不少魏国的秘密。魏相大怒，让人把范雎猛揍，直到揍了个肋断牙落。

范雎无奈索性装死，就被扔到了厕所里。后来他设法逃到秦国，改名张禄，向秦王提出著名的“远交近攻”的策略，做了秦国的宰相。

事有凑巧，后来须贾出使秦国，范雎就穿着破衣烂衫到旅店去见他。须贾一时良心发现，可怜范雎贫寒，就送给他一件绨（tí）袍，也就是一件厚绸子棉袍。回到相府后，范雎对须贾说：“本来是要处死你的，因你绨袍恋恋，有故人之意，所以就饶了你吧。”这就是历史上有名的“赠绨袍”的故事。由于其揭示了人与人之间的一种久远而深刻的微妙关系，所以传统剧目如京剧、川剧等都有《赠绨袍》这出戏，直到今天仍然上演不衰。

明白了这个故事，这首诗的意思也就明白了：就是须贾那样的刻毒之人，尚且赠给范雎一件袍子，可怜他的贫寒；但须贾毕竟是凡夫俗子，他看不出范雎是天下的才德之士，范雎都做了秦国的宰相了，还把他看作布衣百姓。

联系高适的身世，他可能还有这样的意思：现在那些掌权的达官贵人不能赏识我、优待我，就连须贾也不如了。

相 · 罢相作

相 · 罢相作

有很多字，看到字的构成部件，就能知道它的意思，这就是汉字中的会意字。

“相”左边是一棵树，右边是一只眼睛，合起来表示仔细看，它就是一个会意字。《说文解字》引古《易经》的话说：“地可观者，莫可观于木。”借此，我们可以知道，在古人眼中树木是大地上最值得观察的东西。

甲骨卜辞中有“相日，今允雨”的记载，就是观察一下太阳，今天要下雨。古人特别善于观察，也善于从观察中总结规律，如唐代相马书《司牧安骥集》说：“三十二相眼为先，次观头面要方圆。”说相马第一要看眼睛，第二要看头脸。

观察马叫相马，观察人就叫相面。《史记·淮阴侯列传》记载：“相君之面，不过封侯，又危不安；相君之背，贵乃不可言。”齐国的蒯（kuǎi）通给韩信相面，他说韩信，看你的脸面顶多封侯，也不安全，但看你的后背，就尊贵无比了。

仔细观察，相机行事，有助于事情的成功，“相”又引申出了辅助义。《尚书·汤誓》载“伊尹相汤伐桀”，就是伊尹辅佐商汤王讨伐夏桀。后“相”又引申指辅助者，如帮助盲人的人、主持礼节仪式的人、辅佐君王的人，都可称之为“相”。

李适之就是一个辅佐君王的“相”，可惜没有做到退休，半路里被人家给罢了“相”。

罢相作

李适之

避贤初罢相，乐圣且衔杯。

为问门前客，今朝几个来？

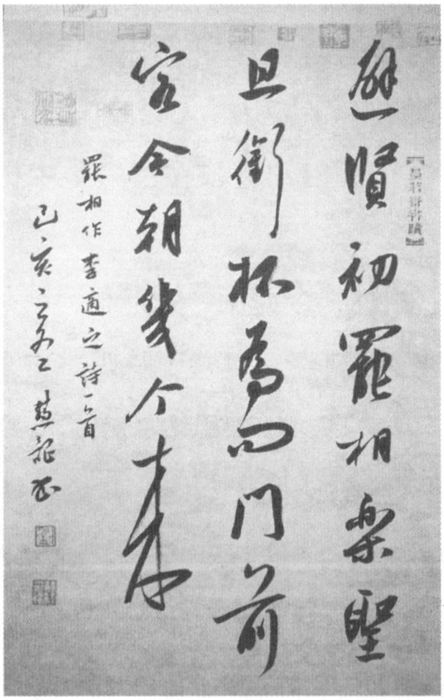

罢相作　刘慧龙

李适之是一个很有个性的诗人。在前面讲贺知章那首《题袁氏别业》时，我们曾说过，杜甫有一首《饮中八仙歌》，集中写了当时的八个“酒仙”，第一个是贺知章，第三个就是这位大名鼎鼎的李适之。

他的酒态是怎样的呢？杜甫说：“左相日兴费万钱，饮如长鲸吸百川，衔杯乐圣称避贤。”前面我们曾说，丘为、高适都做过左散骑常侍这样的官，证明那时散骑常侍有左右之分。其实，古时很多官职都有左右之分，比如唐玄宗时就分左丞相、右丞相，李适之担任的是左丞相，故称左相。

每天为了痛饮适意，李适之动辄花费数万银两，当然这只是夸张的说法，就好比说贺知章“眼花落井水底眠”，并不一定真的掉到井里去而且还睡着了，只是极言其醉态就是掉到井里也爬不上来而已。这样的夸张手法极具幽默感。

李适之花费这么多钱喝酒，不是太浪费了吗？不，他只是大气却并不浪费，因为据《旧唐书·李适之传》记载，李适之雅好宾友，就是很喜欢结交朋友，有酒大家喝，他自己酒量也很大，喝一斗也不醉，并且喝起来很豪爽，就像大鲸鱼吸纳百川一样，稀里哗啦痛快无比。

可是后来不行了，因为得罪了奸相李林甫，被贬官罢了左相。好在李适之想得开，他说不叫我当官我就不当，就当我让贤算了。官可以不当，酒却不能不喝，并且用一个“圣”字和“贤”对仗，把自己的无奈与嗜酒之情写得似乎很高大上，使其更具讽刺幽默意味，化重大为轻巧，这也是诗人写作手法的高明之处。

这里的“乐圣”，就是喜欢喝酒的意思，因为前人曾经把浊酒称为“贤人”，把清酒称为“圣人”，李白在《赠孟浩然》诗中说“醉月频中（zhòng）圣，迷花不事君”，用的也是这个典故。李适之说自己“避贤初罢相，乐圣且衔杯”，杜甫说他“衔杯乐圣称避贤”，指的都是李适之虽然罢相却仍嗜酒如命这桩事。

虽然还忘不了喝酒，但是过去的那些酒友却都不来了，试想谁不害怕李林甫的权大心奸，还怎敢傻乎乎地去惹祸上身呢？酒总不如命值钱吧。因此门前冷落、无人来访也是人之常情，这一点李适之明白，虽然明知故问，倒也并不见怪。令他没想到的是，后来情况继续恶化，他迫不得已，只好服毒自杀不要命了——只是不知是酒好喝还是药好喝，没法问他了。

最后说一下，这首诗的韵脚是“杯”和“来”，今天读来已经颇觉不押韵了，但在古代韵书中，这两个字同属上平声“十灰”韵。就是说，“来”的读音和“灰”“回”等字读音接近，因此和“杯”也就押韵了。

侠·逢侠者

扫码收看动漫

侠·逢侠者

篆文

隶书

中国文学作品中有一道特殊的风景，那就是身手不凡、来去无踪、除暴安良的侠客形象。

“侠”，形声字，左边的“人”表意，右边的“夹”表音兼表意。“夹”本作“夾”，甲骨文字形中间是一个大人，左右两侧有两个小人，是两人扶持一人之形。故而“侠”本指辅助他人的人，后多用来指行侠仗义的人。

战国时期的韩非子从维护封建统治者利益的角度出发，在《五蠹》中把侠列为五种蛀虫之一，批评“侠以武犯禁”，认为侠凭借武力而搅乱了社会秩序。而西汉司马迁则对侠士颇为赞许，他在《史记·游侠列传》中写道：“今游侠，其行虽不轨于正义，然其言必信，其行必果，已诺必诚，不爱其躯，赴士之厄困，既已存亡死生矣，而不矜其能，羞伐其德，盖亦有足多者焉！”

他说现在的游侠虽然不符合传统的礼法道德，但他们重信守诺，不惜牺牲生命去解除别人的困难，且不炫耀自己的才能，这是值得称道的。

东汉荀悦《汉纪》认为：“天下失道，政在大夫，乱而生侠。”指出侠的产生是由于世道的黑暗混乱。乱世中，伸张正义、打抱不平的侠士的出现，自然会给苦难而无助的底层民众点燃一盏希望的灯火。

在现代生活中，“侠”已经绝迹了；在钱起生活的年代，“侠”似乎还不算太稀缺。

逢侠者

钱起

燕赵悲歌士，相逢剧孟家。

寸心言不尽，前路日将斜。

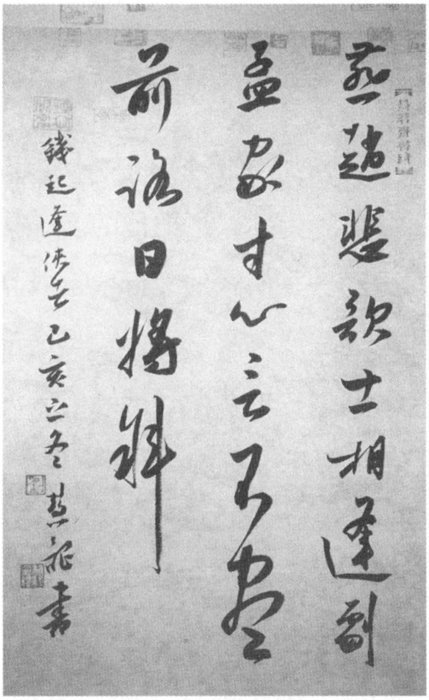

逢侠者　刘慧龙

钱起也是有名的诗人，是“大历十才子”之一。《唐才子传》说，当年钱起进京考试时，在旅店住宿，夜晚散步月下，听到大门外有人反复吟哦“曲终人不见，江上数峰青”这样两句诗，他慌忙追出去，却没有看到任何人，他以为是见了鬼。

钱起老是觉着此事怪怪的，所以那两句诗也就牢记不忘。后来在京城考试时写诗，题目是《湘灵鼓瑟》。那时考试的要求是五言六韵，即每句五个字，每首诗写十二句。谁知钱起写了十句就再也写不下去了。正在无奈之时，忽然大脑中不知哪里动了一下，就想起了旅店中的鬼吟，于是就把“曲终人不见，江上数峰青”这两句凑上交卷了事。没想到主考官一看，大加夸赞，说：“是必有神助之耳。”意思是这两句诗一定有神帮助他，正常人是写不出来的，于是给他高分，把他录取了。

我们来看他这首《逢侠者》写得如何。

侠者，就是侠客，就是仗义行侠的人。钱起碰到的这位侠客姓甚名谁？他没有告诉我们。为什么不把他的名字写下来让他名垂千古呢？可能有两方面原因：一是侠客仗义行侠，或除暴安良，或劫富济贫，不便留下姓名让人追踪或殃及家人；二是这位侠客尽管和钱起一见如故，为了不必要的麻烦，也就没有把姓名告诉钱起，钱起也就无从写起。李白在《侠客行》中早就说过：“十步杀一人，千里不留行。事了拂衣去，深藏身与名。”侠客大多都是神龙见首不见尾的人。

虽然不知姓名，对他的行踪却也不是毫无所知。最起码我们知道他是来自燕赵大地，身上有古代燕赵豪侠之士的流风余韵。唐韩愈有一篇名文《送董邵南序》，开头就说“燕赵古称多感慨悲歌之士”，就是说燕赵大地上的豪侠之士常通过悲歌来表达其感慨之情，最有名的例子就是荆轲刺秦王前和友人在易水河畔分手时的高唱：“风萧萧兮易水寒，壮士一去兮不复还。”

这位侠客来自燕赵之地，今天他们相逢在“剧孟家”。剧孟是西汉时期的著名侠客，洛阳人，早已死去几百年，之所以说相逢在“剧孟家”，只是为了突出一个“侠”字。如果换成“洛阳”或其他词语，人们就不会往“侠”字上联想了。这种写法，也值得借鉴。

两个人酒逢知己，畅谈甚欢，恨不得把心中的话全部掏给对方。可是时间不等人，看看前路日斜，行者路途尚远，再不走就来不及了。

李白《侠客行》说：“眼花耳热后，意气素霓生。”现在两人真喝得眼花耳热了，没看到白虹，白日也将倾斜。一个站在门口挥手，一个向远路走去——不管是徒步还是骑马，其握剑的姿势一定很潇洒！

行·江行望匡庐

扫码收看动漫

行·江行望匡庐

甲骨文

金文

战国文字

篆文

隶书

人们在面对一些重要选择时，总说“行走到了人生的十字路口”。“行”甲骨文、金文字形，正像一个纵横交叉的十字路口。这个意义应读作háng，多用来指道路。如《诗经·豳风·七月》云：“女执懿筐，遵彼微行，爰求柔桑。”是说姑娘们拿着筐子，沿着“小道”去采桑。《诗经·小雅·大东》又云：“佻佻公子，行彼周行。”是说潇洒的公子哥走在“大路”上。《说文解字》还把“行”列为部首，后世字书辞书均予以传承。如“街”“衢”“衙”等都是“行”部字。

“行”的动词义是“行走”，读xíng。《古诗十九首》第一首《行行重行行》首句云：“行行重行行，与君生别离。”意思是你走啊走啊不停地走，我与你活生生分离在两地。连用了四个“行”字，不但表现走得远，还表现走得久。

有些分离是妾有情郎无义，对此，晚唐诗人雍陶的诗《明月照高楼》写得很形象：“君若无定云，妾若不动山。云行出山易，山逐云去难。”以流动的云比喻在外任意东西的郎君。后来，诗词中多见以“行云”喻薄情郎。如五代词人冯延巳《鹊踏枝》中的“几日行云何处去”，宋代秦观《南歌子》中的“乱山何处觅行云”，都是思妇在抱怨情郎就像飘游的云，不知何时返家。

你坐着小船沿江而行过吗？你在江船上望过雨中的庐山吗？如果没有的话，那就来看看这首诗，也算过屠门而大嚼吧。

江行望匡庐

钱珝

咫尺愁风雨，匡庐不可登。
只疑云雾窟，犹有六朝僧。

这首诗的作者是谁？有人说不详，有人说是钱起，经学者考辨，现已证明是钱珝（xǔ）。钱珝是钱起的曾孙，先在京城做官，后被贬做地方官，曾沿长江去上任。古代虽然交通不像现在这样便利，上任途中不免舟车劳顿，却有一样好处是现代社会比不了的，就是有的是时间游山玩水写诗。所以古代的很多官僚诗人，在上任途中，就能写成一卷诗，真做到了诗和远方的完美结合。

比如清朝初年，今山东淄博的著名诗人赵执信（shēn），18岁考中进士，23岁任山西乡试正考官，在离京到太原上任和回京途中的半年时间里，就写成了100首诗，经过他的严格挑选，保留47首，形成一卷《并门集》，流传后世。

钱珝在上任途中，写有大型组诗《江行无题一百首》，这首《江行望匡庐》就是其中的一首。既然总题目说“无题”，那就是这100

首诗都没有题目，所以“江行望匡庐”这个题目，肯定是后代选编这首诗的人加上的。

不过，这个题目加得好。我们平时写诗文，有时是先有了题目再写，有时是写完了再加题目，这首诗的题目，可以给我们的命题艺术一些启发。

匡庐不可登　赵红云

诗人坐在船上顺江而行，本来是想到庐山脚下停船上岸，游览和朝拜这座文化名山的——匡庐就是庐山，因古代山上有姓匡的人结庐——就是盖房子——而居，因而得名。可是老天不遂人愿，快到庐山时，偏偏下起了大雨，使得这一唾手可及的愿望化成了江面上的一串串水泡。

“江行”，说的是诗人的立足点或观察点。一般的观察点都是固定的，而这次诗人的观察点却是移动的，就像摄像机滑动在长长的轨道上。一个“望”字，是点睛之笔，把这首诗的主要内容和诗人的动作都概括出来了。

人与山在咫尺之间，却因风雨过大而不能攀登，因而有些忧愁，有些失落。不过即使不能攀登游历，在船上看看过过眼瘾也是好的，就像三国魏曹植《与吴季重书》所说："过屠门而大嚼，虽不得肉，贵且快意。"从肉铺子门前经过，虽然捞不到肉吃，暂且大口咀嚼一番，心里也算是痛快痛快。

庐山临水而立，本来就云山雾罩，碰上下雨，就更加云雾缭绕了。云雾越浓，就越有神秘感，就引得诗人产生了疑想：山上不是有仙人洞吗？洞中大概还有六朝时修炼得道的高僧吧？六朝是东吴、东晋、宋、齐、梁、陈的合称，那时佛教兴盛、僧庐遍地，唐杜牧《江南春》中就有"南朝四百八十寺，多少楼台烟雨中"之句。

船走远了，镜头越来越模糊了，船头上还有一个人穿着蓑衣、戴着竹笠在痴痴地望着，久久不肯归舱。

答·答李浣

扫码收看动漫

答·答李浣

篆文

隶书

一说到“问”，就会想到“答”，正所谓有问有答。学生们想到的可能是问答题，问答题的答案是统一的，但“答”字的早期写法是多样的，有“合”“荅”“畣”等，却也都离不开一个“合”字形。

《左传·宣公二年》说，宋国与郑国开战之前，宋国的主帅华元请战士们吃羊肉而遗忘了自己的车夫羊斟。仗打起来了，羊斟想：“前天吃羊，你说了算；今天打仗，老子说了算。”就故意让宋军失败。华元问羊斟，是不是马受惊不听使唤了？羊斟说，不怪马，是人干的事，“既合而来奔”。《左传》是站在鲁国角度写的，意思是羊斟回答完华元，就逃到鲁国来了。“合”就是回答。

后来或许是因为书面回答通常是用竹制的毛笔写在竹简上的缘故吧，“合”字头上慢慢长出“竹”来，变成了“答”字，慈眉善目笑嘻嘻地看着你，让听者很是喜欢。“答”中的“合”除了表示回答义，还用来表音。“答”与“合”的古音几乎是一样的。

用竹管笔蘸墨写酬答诗，是古人的雅好。宋陆游写给友人韩元吉一首《次韵无咎别后见寄》，其中有句云“坐愧文园属思迟”，自注说：“诗来弥月，乃能和答，故云。”人家的诗都寄来一个月了才回答人家，看来陆游这次的诗思真是够慢了。

宋人陆游慢，唐人韦应物可不慢——我们来看看他这一首《答李浣》。

答李浣

韦应物

林中观易罢，溪上对鸥闲。
楚俗饶辞客，何人最往还？

韦应物这个人，诗写得好，性格也很有特色。《唐才子传》说他“为性高洁，鲜食寡欲，所居必焚香扫地而坐，冥心象外”。意思是他性情高尚纯洁，从不暴饮暴食，也没有过多爱好，只要在家里，就烧上香扫干净地面坐着，苦思冥想一些玄妙的东西。这样性格的人，其诗自然也就不同流俗。《千家诗》里共收录他四首诗，后面我们慢慢都要讲到。

李浣是韦应物的同事，也是酒朋诗友。后来两人都被罢了官，过着闲居生活，但因住地离得很远，自然就不能经常聚饮漫谈。但古人有个很好很雅的传统，诗友之间时常以诗相寄互诉衷肠。由于诗人都有很高的欣赏水平，并且诗友之间也都知根知底，因此短短四句诗，也就足以抵得上常人的一封长信了。

那时，李浣隐居在楚地，大致也就是今湖南湖北至东南沿海一带。这片地域是够大的，不过他具体住哪儿，不影响对此诗的理解，我们也就不去深求细挖了。

有一次，李浣忽然想起了老朋友韦应物，就给他写了一首诗寄来。韦应物看后，也写了《答李浣三首》回寄，我们所说的这首，就

溪上对鸥闲　张丽敏

是其中的一首。

诗的前两句“林中观易罢，溪上对鸥闲”，是一个对偶句，写得非常有意境。当然，在绝句诗中，本来不要求对偶，因为对偶往往会给人死板之感。但是在高手笔下，没有任何事情是不可能的。这个对偶句好处很多，我们只讲一点。平时我们背诵清李渔的《笠翁对韵》，都知道“天对地，雨对风，大陆对长空；山花对海树，赤日对苍穹”。李渔的书是写给蒙童看的，不是写给诗人看的。诗人才不会对得这样没有技术含量呢。

《易》是《易经》或《周易》的简称，本来是古代一部占卜算卦之书，后来经过历代大师的注解阐释，就成了一部高深莫测的哲学著作。读《易》，就证明这个人不是凡夫俗子，他对天地宇宙必定有一番自己的认识见解。

“鸥”是鸥鸟，古书《列子》中说，海边有个小孩，时常到海滩上和上百只鸥鸟游戏玩乐。他父亲知道后，让他捉几只回来玩儿，那孩子再到海边，鸥鸟就不再落下来和他玩了。韦应物借用这个典故，来说明自己和大自然和谐相处。

《易》是一本书，鸥是一种鸟，虽然都是名词，却是不同类属，用来做对子，高明吧！

这第一、第二句是回答对方的问询，说我在干什么，情况怎么样。第三、第四句“楚俗饶辞客，何人最往还”，就是对对方的问询了。“饶”是多的意思，“词客”就是善于写诗作文的人。写诗作文是楚地人的风俗也就是传统，比如屈原、宋玉，都是楚之词客的伟大代表。这两句诗的意思是，楚地那么多文人骚客，你和谁来往最多啊？

这最后一句问得非常高明：你那里到处都是文人雅客，可以互相学习交流，不像我这里只能自己看看书观观鸟，我真羡慕你呀！——这是变着法儿在安慰朋友呢！

风 · 秋风引

扫码收看动漫

风·秋风引

战国文字

篆文

隶书

唐代李峤写过一首题为《风》的诗："解落三秋叶，能开二月花。过江千尺浪，入竹万竿斜。"全诗没有一个"风"字，却把风写得活灵活现。现代的杨绛也曾写过一篇题为《风》的散文，描写风"有时候淡淡的带些清愁，有时候润润的带些温柔，有时候亢爽，有时候凄凉"。这是借风抒发人生的不同况味。

风是变幻不定的，"风"字字形也是历经变化。甲骨文是借同音的"凤"表示风，如"今日无大凤"，就是今天没有大风的意思。"风"小篆字形外框是表音的"凡"，内部是"鸟"。在战国文字"風"字中，"鸟"换作了"虫"，究其缘由，有学者认为是因"风动虫生"，如汉许慎；也有学者认为"虫"是凤尾的讹变写法，如今曾宪通。

在泰山刻石中有一块石头上刻着"虫二"两字，"虫二"就是"風月"去掉字的边框，寓意"风月无边"。我们现在用的简化字"风"，是根据"風"的草书字形发展而来的。

风会随着时节的变化而变化，如从小寒时节梅花开，到谷雨时节楝花开。其间二十四种花开都伴随相应的风吹，好似报告花开的信息，所以宋人徐俯诗云"二十四番花信风"。古人还根据各个季节风的特征，给出了不同的称谓，如《西游记》第八十五回中借孙行者之口言道："春有和风，夏有熏风，秋有金风，冬有朔风。"

你听，又一阵秋风吹来，还夹杂着大雁的叫声——

秋风引

刘禹锡

何处秋风至，萧萧送雁群。

朝来入庭树，孤客最先闻。

刘禹锡诗名很高，也做过大官。可是他的一生，官运很不顺遂，时常被贬。古代遭贬的官员，每每都有身世凄凉之感，越到秋天这种感觉越是明显，刘禹锡也不例外。

《秋风引》是乐府旧题，也就是说是汉魏六朝时期乐府诗中旧有的题目。乐府诗的题目中往往带有“引”“行”“歌”等词，如《秋风引》《东门行》《丁都护歌》等。在这里，“引”“行”“歌”等，表明这种诗歌的体裁都是能伴着音乐演唱的；而“秋风”“东门”“都护”等，表明这种诗歌的题材是和这些事物有关的，比如《秋风引》内容就和“秋风”有关，《东门行》内容就和“东门”有关，《丁督护歌》内容就和“都护”有关。

到了唐代，诗人们写诗，有时内容就不免和乐府诗相似或有关，索性就用乐府诗旧有的题目，既浑然天成又毫不费力，因而也不再去起一个标新立异的新题目了。当然，诗人们写一些现实题材的诗歌，为了表明其音乐性，有时也用“引”“行”“歌”等，比如白居易就有《琵琶行》《长恨歌》，李贺就有《李凭箜篌引》，其中“女娲炼石补天处，石破天惊逗秋雨”两句，已经成为妇孺皆吟的名言警句了。

萧萧送雁群　张丽敏

此诗第一句“何处秋风至”里的“处”字，不当方位地点讲，而是表示时间。比如宋柳永《雨霖铃》词说：“都门帐饮无绪，留恋处，兰舟催发。”“留恋处”就是正在留恋的时候。宋岳飞那首《满江红》词说：“怒发冲冠，凭栏处，潇潇雨歇。”也是说凭栏的时候正好雨停了。再比如《三国演义》第五回著名的“温酒斩华雄”片段，说关云长“出帐提刀，飞身上马。众诸侯听得关外鼓声大振，喊声大举，如天摧地塌，岳撼山崩，众皆失惊。正欲探听，鸾铃响处，马到中军，云长提华雄之头，掷于地上”。这里的“鸾铃响处”，也是銮铃响的时候，而不是銮铃响的地方。因此我们说“何处秋风至”的“何处”是何时的意思，为了平仄关系，在这里写成“何处”。

诗人偶一抬头，已是秋风萧瑟，雁群长鸣——秋风是啥时候吹起的？可惜问了也没人回答，因为他是孤客，身旁没有别人。他说，今年秋天的第一缕秋风是何时吹来的，这个我不知道；但是今天早晨的第一缕秋风，却是我最先听到的，因为我孤身在外，思念家乡和亲人，夜里睡不安稳，所以秋风一吹动院子里的树叶，就把我惊醒了。

同样是秋风秋鸟，因心情不同而表现亦有不同。在这首诗中，秋风秋雁带给人的是淡淡的忧愁，而在诗人那首《秋词》中，他又说“晴空一鹤排云上，便引诗情到碧霄”，看来他那时心情是非常好的，不但有诗和远方，还有诗和天空。

寄·秋夜寄丘二十二员外

扫码收看动漫

寄 · 秋夜寄丘二十二员外

战国文字

篆文

隶书

日常生活中，我们都寄过信、寄过快递。信和物件可以寄，人呢？“寄”字形上面的“宀”（mián）表示房屋，下面的“奇”表示读音。一个人若出外住在别人家或异地他乡久久不归，那也仿佛被寄出去了，就叫“寄居”。一个小孩放在别人家养着，就叫“寄养”。一种螃蟹没有自己的房子，喜欢住在海螺的壳里，就叫“寄居蟹”。

《列子·天瑞》篇说：“杞国有人，忧天地崩坠，身亡（wú）所寄，废寝食者。”这就是成语“杞人忧天”的出处。杞人担心天塌地陷，自己无处托身居住，愁得吃不下睡不着。而魏文帝曹丕就潇洒多了，他在《善哉行》中云：“人生如寄，多忧何为？”他说，人不过暂时寄居在世间，想那么多干吗？

是啊，虽然都是寄居，但想得开的能有几人？寄人篱下，毕竟不是好滋味。宋辛弃疾《永遇乐·京口北固亭怀古》云：“斜阳草树，寻常巷陌，人道寄奴曾住。”“寄奴”是谁呢？就是南朝刘宋开国皇帝刘裕。西晋末年天下大乱，刘裕家避乱京口。刘裕出生后母亲去世，父亲请不起乳母想把他扔掉。他终因命大，由别人代乳“寄养”而活了下来，因而取乳名“寄奴”。刘裕长大后饮水思源，很孝敬他的继母，受到世人的称颂。

好了，咱们不说这些陈年旧事了，还是来看看韦应物寄给朋友的这首诗吧。

秋夜寄丘二十二员外

韦应物

怀君属秋夜，散步咏凉天。

山空松子落，幽人应未眠。

韦应物曾做过一段时间的苏州刺史，故人称“韦苏州”，这是用做官之地的地名来称呼人。丘二十二就是丘丹，他是前面我们说过的《左掖梨花》的作者丘为的弟弟，“二十二”是他的排行，这是用排行称呼人。“员外”是官名，丘丹曾做过户部员外郎等官，故称他为“员外”，这又是用官职来称呼人。

丘丹与韦应物交往密切，关系很好，后来到杭州临平山学道去了。在一个寂静的秋夜，韦应物想起了丘丹这位朋友，就写了这首诗寄给他。

“怀君属（zhǔ）秋夜”中的“属”是适值、正当的意思。这句诗的意思是说，我平时虽然想念你，但是正碰上这样一个清冷的秋夜，就想得格外厉害了。为什么秋夜就格外怀念人呢？一是秋夜变长，人入睡晚，容易思念；二是天气变凉，设身处地更容易关心别人的冷暖；三是秋季到来万物凋零，容易产生悲愁之感，想念别人也希望得到别人的想念。

一般人想念人，想想也就算了，顶多今天想不完明天接着想，想来想去也就熬过了一个秋天，世界上99%的人都是这样的人。而诗人就不同了，他们想念别人，就要写诗给人寄去，表达自己的思念之

山空松子落　赵红云

情。于是就有了这一类型的寄赠诗，供我们后人学习吟咏，让我们知道到了秋天这个时候，一千多年前的那些人是怎么想的，借此也好寄托我们所谓的思古之幽情。

诗人，想着寄给朋友一首诗，也不是随便提笔就来的，也得经过严密的构思和辛苦的推敲，才显得郑重而不是敷衍。因为你如果只是不关痛痒地问候一声，就如同现在随便发个微信表情，那样既对友人不够尊重，对自己也不好，假如这首诗流传出去，没有真情实感，只是蹭痒痒，艺术上也没什么可取之处，那会影响自己的声誉的，所以得好好写——这就叫作爱惜羽毛。

想好好写就得先构思，想构思就得先摇晃着脑袋散步。在这样一个凉爽的夜晚，一边在院子里散步，一边慢慢吟咏，从什么角度问候朋友呢？诗思很快就随天上的露珠纷纷飘落而来。他说，朋友你在临平山中学道，照咱俩的友情来看，我想这个时候你应该也还没睡，还在想着我吧。夜是静极了，正所谓万籁俱寂一切都变成了空无，就是山中松树上偶尔落下一粒松子，你都听得清清楚楚——你这位隐居的“幽人”就这样正在一声一声地听着松子落下的声音思念我吧？松子虽小，情感却是真真挚挚掷地有声的。

唐王维《秋夜独坐》诗中有个警句云：“雨中山果落，灯下草虫鸣。”同样是写秋夜的动静，那又是另外一种境界了——我们不能不服，诗人不光眼睛好使，就是耳朵也够尖的。

秋·秋日

秋·秋日

秋季是收获的季节。《说文解字》和我们的看法一样，说：“秋，禾谷熟也。”

“秋”的甲骨文字形，有人说上面像只蟋蟀，下面的火代表大火星。《诗经·豳风·七月》说“七月流火”，即七月大火星开始西沉，到了暑退寒来之时，蟋蟀开始鸣叫了。也有人认为这是蝗虫，人们在秋收的夜晚于田边燃起火堆，吸引并烧死蝗虫，保护收成。“秋”的金文字形中多了一个“禾”来表示庄稼的成熟，大篆字形将蝗虫或蟋蟀误写为“龟”形。小篆字形省去了“龟”，简化为“秋”——大火星西沉，粮食成熟，秋天到了。

殷商时候，一年分为春秋两季——春相当于现在的冬和春，秋相当于现在的夏和秋——“春”和“秋”就能代表一年，所以后来孔子编写的中国第一部编年体史书就叫《春秋》。同时“春秋”也可代表年龄，如“富于春秋”或“春秋鼎盛”，就指人年轻力壮之时。

秋天的丰收过后，接着就是衰败和凄凉，这往往引起人们情感的萧瑟共鸣。战国宋玉《九辩》开头即云："悲哉，秋之为气也！萧瑟兮，草木摇落而变衰。"历代悲秋之词不绝，形成一种传统，所以刘禹锡在《秋词二首》中尽管说"我言秋日胜春朝"，却也不能不承认"自古逢秋悲寂寥"。

是啊，翻一翻古代诗人的集子，我们也不能不承认，还是"逢秋悲寂寥"的人多，因为这是人之常情，就像眼前这位耿湋——

秋　日

耿湋

返照入闾巷，忧来与谁语？
古道无人行，秋风动禾黍。

秋风动禾黍　王继红

耿沛这个诗人，我们都不大熟悉，但是在唐朝大历年间，他还是挺有名的。前面我们讲钱起那首《逢侠者》时，说钱起是“大历十才子”之一，这个耿沛当时与他齐名，也是“大历十才子”之一。既然是“才子”，水平肯定不低，我们来看看他这首《秋日》，也算多结识一位唐代诗人。

“返照入闾巷，忧来与谁语？”这两句劈空从天外飞来，给人以石破天惊之感。“返照”就是日落时的阳光，就是夕阳。早晨太阳升起，好像迎着我们走来，越走越近，其光线是正面照射；傍晚太阳沉向地平线，好像回首一照，越走越远，所以叫“返照”。

旭日固然光明，但古代许多诗人偏偏喜欢“返照”，觉着这个意象更美、更幽深邈远，正所谓“夕阳无限好”。唐王维有一首《鹿柴》诗，说：“空山不见人，但闻人语响。返景入深林，复照青苔上。”“景”就是日光，这里的“返景”，就是“返照”的另一种说法。唐杜甫还有一首以《返照》为题的七言律诗，第一句就说“楚王宫北正黄昏”，“黄昏”二字也正点出了“返照”的时间。

旭日象征着青春与激情等，而“返照”则象征着衰落与忧伤等。“闾”(lú)，是巷子口的大门；“闾巷”，指普通的乡间村落。根据诗歌常见的意象搭配组合，与“返照”搭配的应该是破落衰败的景象，才更有美感意蕴。如元马致远那首有名的《天净沙 · 秋思》说：“枯藤老树昏鸦，小桥流水人家，古道西风瘦马。夕阳西下，断肠人在天涯。”看看这些意象搭配，就知道“返照”的“朋友圈”里都是些什么词语了——大概总是像史湘云、薛宝钗那样的少，而像林黛玉、妙玉那样的多。

不知为什么，诗人站在长长的巷子里，目送着夕阳的身影，忽然心血来潮，就涌上了几缕或者一股忧愁。有忧愁就想找人诉说，想把一个忧愁分成半个忧愁，身上的分量可轻点，可是前后左右看个遍，也没找到可以诉说的人。我想，既然是村落里巷，就不会没有人。诗人的意思可能是，即使有人，他们也不会理解我的忧愁，所以说也等于白说，还是干脆不说为好。

“古道无人行，秋风动禾黍”，村外是一条古道，已经好久没有行人来往了。我想道上不会无人来往，可能是诗人没有等到自己志同道合的朋友，所以才有此说。可以诉说衷曲的朋友没有到来，眼前、耳中只是一片秋风吹动田野的庄稼——禾黍，这也不由让人想到《诗经·黍离》那首古老的歌谣：“彼黍离离，彼稷之苗……知我者谓我心忧，不知我者谓我何求！”

清朝初年，今淄博地区有一位大诗人王士禛，提倡“神韵说”，他若见到这首诗，大概也会说是一首“羚羊挂角，无迹可求”的好诗吧。

秋风动禾黍　何峰

日 · 秋日湖上

日 · 秋日湖上

甲骨文

金文

战国文字

篆文

隶书

唐朝的白居易晒着冬日暖阳，作《自在》诗一首，先说“杲（gǎo）杲冬日光，明暖真可爱”，后说“所以日阳中，向君言自在”，真是“可爱”“自在”得很。

4500多年前，山东陵阳河畔，有人在一个大陶尊上刻下了一个符号，上面是太阳，中间是云气，下面是山，描绘了一幅日出东山、云蒸霞蔚的情景。这是早期的图画文字，有人释为“旦”，有人释为“炅”，有人释为“热”，目前还莫衷一是，但从中却可以看出先民对太阳的高度关注。

“日”，甲骨文写作一个方形，里面有一横。为什么甲骨文是方太阳呢？因为甲骨文是直接刻在龟甲兽骨上的，所以笔画多纤细方折，“画圆不成反似方”。也有刻成菱形或五边形的。金文浇铸而成，则更为形象地描画了圆圆的太阳，中间的点或横，是指示性符号，强调太阳的光与热。

日出而作，日落而息，太阳东升西落就是一天，所以，“日”又引申出白天、一天、日子等义。由“日”组成的字也多与太阳、时间有关。生活是一日日地累积，美好的日子尤其让人留恋。唐朝的杜甫和白居易一样，在《寒雨朝行视园树》诗中写道：“爱日恩光蒙借贷”，希望阳光的恩泽温暖园中树木，道出了对阳光的喜爱和景慕之情。

你看，太阳就要落山，一位诗人坐着船来了——

秋日湖上

薛莹

落日五湖游，烟波处处愁。
浮沉千古事，谁与问东流？

薛莹这个诗人和上一首诗的作者耿沣一样，对我们来说也比较陌生。我们学过这首诗，就又多认识了一个唐代诗人。

《千家诗》是按春夏秋冬来排序的，所以我们前后说的几首诗都和“秋”有关。一年当中，秋是一个衰败凋零的季节，一日之中，午后是一个日斜光暗的时段，所以诗人往往将秋景、落日、愁绪这三般事物结合在一起写，仿佛它仨就是天造地设的三胞胎似的，少了一个就不完满。

诗题中的“秋日”指的是秋天，不是秋天的太阳。“湖上”指太湖，在今江苏省南部。“秋日湖上”，就是说这首诗写的是秋天太湖上的事物。

果不其然，诗中所写正是落日之时的湖光水色。我们都有过游山玩水的经历，去游的时候或许没有某种心情，但是在游历过程中，由于某种偶然的灵机触发，就突然有了某种心情。若是大诗人大文豪，这就叫来了灵感，抓住这灵感别放，在心中酝酿一番，形成较为明晰的固定记忆，就是篇游记的胚胎——用金圣叹批评《西厢记》的话说，就叫“此一刻被灵眼觑见，便于此一刻放灵手捉住”。

假如诗人才情高，或许不等回来，当场就能来一首五言或七言绝句，抄下来投到锦囊中，就是一首名诗。古代很多名诗名文就是这样产生的——但前提是你首先得是文人或诗人，像我们一般人，有了灵感也就电光石火般稍纵即逝，不留任何痕迹，也不觉得有任何遗憾。

烟波处处愁　赵红云

太阳落山之时，气温逐渐转凉，水面就会笼起一层迷蒙的烟雾。一旦有了雾，诗人的灵感也就来了。所以讲得太清楚是诗歌的大敌，而迷蒙隐约才是诗歌的好友。唐崔颢有一首《黄鹤楼》，等说到七言律诗时我们还要说它，它的最后两句说：“日暮乡关何处是，烟波江上使人愁。”他这愁也是由迷蒙的烟波引起的，假如忧愁有质地可感的形象，大概也是烟波或烟雾的样子吧。

崔颢发愁是因为看到烟波想起了家，薛莹则是看到烟波想起了“千古事”。自从盘古开天地，三皇五帝到如今，千古之事可谓多矣，但若拈出两个字来概括，最恰当的莫过于“浮沉”：不是上浮就是下沉，今天上浮明天下沉，太阳底下无新鲜事，浮浮沉沉就是那些东西。就以历史上和太湖有关的最有名的范蠡、西施泛游五湖的故事来说吧，现在不也早成了历史烟云融入水面上的那层烟雾当中，明早就会随风飘散了吗？

“谁与问东流？”就是谁能向东流的长江问明白这些事的意义呢？恐怕长江也说不明白吧？因为到了宋朝，辛弃疾通过那首《南乡子》还在发问：“千古兴亡多少事？悠悠。不尽长江滚滚流。”长江才不管那些闲事呢，任凭你问煞，它也是“无语东流”。还是《三国演义》的开篇词说得好：“古今多少事，都付笑谈中！”

宫·宫中题

扫码收看动漫

宫·宫中题

甲骨文

金文

战国文字

篆文

隶书

“上古穴居而野处，后世圣人易之以宫室，上栋下宇，以待风雨。”这是《周易》里记述的中国最早的安居工程。

“宫”，甲骨文作一个房屋下有两个“口”，这里的“口”表示房间，看上去就像是两室一厅。甲骨文中也有三个“口”的“宫”字，那就更宽敞了。

唐陆德明《经典释文》云：“宫，古者贵贱同称宫，秦汉以来惟王者所居称宫焉。”《战国策》说苏秦佩六国相印后，“路过洛阳，父母闻之，清宫除道”。就是忙得他爹妈给他整理房间、清扫道路。秦汉之后，普通人家就只配叫房屋，只有皇家建筑才可称为“宫”，如汉皇帝所居就叫“未央宫”。

《史记·高祖本纪》说，萧何为汉高祖刘邦建造未央宫，刘邦嫌太过宏大就训斥萧何说，我们辛苦作战数年，谁胜谁败还没有结局，何必建造这么奢华的宫室？萧何回答说，四海之内都是天子您家的，“非壮丽无以重威，且无令后世有以加也”。意思是不如此“壮丽”

就无法衬托天子您的威严，我们不但要“壮丽”，还要让后世无法超越。高祖一听，也是，就乐滋滋答应了。正是出于这样衬托天威的心理，后代的皇宫都是当朝最壮丽的建筑。

所有的皇宫都是壮丽的，宫中的皇帝却未必个个都气壮如牛，请看这位憋屈的李昂——

宫中题

李昂

辇路生秋草，上林花满枝。

凭高何限意，无复侍臣知。

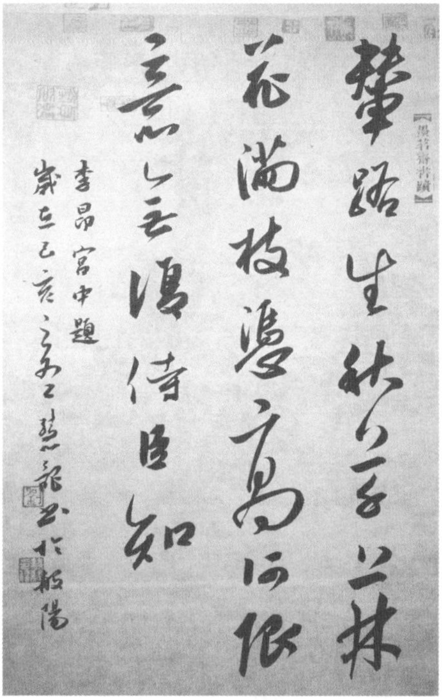

宫中题　刘慧龙

李昂这个人，在唐代诗人中也不怎么有名，可是他的地位却最高，因为他是皇帝，他就是历史上的唐文宗。

李昂虽然是皇帝，他的命运却很不好。他哥哥李湛是唐敬宗，当了两年皇帝就被宦官害死了，死时才18岁。哥哥死后，李昂被宦官拥立为皇帝。当上皇帝后，他曾想有一番作为，留英名于后世，于是就铲除宦官，欲振兴大唐气象。可是无奈宦官势力太强大，他又缺乏政治手腕，只好被宦官挟持着当了14年皇帝，最后抑郁而死，年仅32岁，死后庙号为文宗。

所谓庙号，就是皇帝死后在祭祀祖先的家庙中给他取的名号，这个名号不是随便取的，一般要用一个字概括出其一生的主要特点，供后人念诵或反思。李昂的庙号为“文宗”，可见其在文学方面还是有一定修养造诣的，史书上记载，他也确实博览群书并经常和大臣们谈论诗文。他自己也创作了不少诗歌作品，五言诗写得特别有味道。

“辇路生秋草，上林花满枝”，这两句写眼前之景。我们在前边说令狐楚那首《思君恩》时，曾接触过一个词“翠辇不曾过”的“翠辇”。“翠辇”就是装饰着翠鸟羽毛的皇帝在宫中乘坐的车子。

辇路上长满了秋草，说明皇帝被宦官挟持软禁着，已经不能自由活动，所以路上的杂草没人整治，都长得很高了，秋天到来给人以满目萧瑟之感。

上林苑本是汉时的皇家园林，这里指唐朝的皇家园林。后面我们还要说到唐杨巨源的一首七言绝句《城东早春》，他说：“若待上林花似锦，出门俱是看花人。”也是用汉时的“上林苑”来指代唐时的皇家园林，其中一个“花似锦”也就把“花满枝”的意思说得更为形象生动了。

这两句诗，在修辞上用的是“互文法”，表面上写的是一秋和一春，其实说的是春夏秋冬四季：秋草也罢，春花也罢，夏荷也罢，冬雪也罢，荒芜也罢，盛开也罢，几乎都与我无关了。因为“凭高何限意，无复侍臣知”，这两句就把自己的心意告诉了我们。

“何限意”，就是多少意、无限意。后来南唐中主李璟在那首《摊破浣溪沙》中说“多少泪珠何限恨，倚阑干”，用的也是这个意思。其中的“何限恨”相当于李昂的“何限意”——不管有多少“意”，其中大概还是以“恨”为主吧？李璟的“倚栏杆”也相当于李昂的“凭高”——依靠在高处的栏杆上。“侍臣”，就是侍奉在皇帝左右的近臣。他说，自己凭高远望，看到皇宫的四季景色变化，有无限的心里话要说，但是眼前没有一个信任的侍臣可以说说，有话也只能憋在肚子里——就这样，他一年一年憋下去，最终早早地把自己给憋死了！

隐 · 寻隐者不遇

隐 · 寻隐者不遇

战国文字

篆文

隶书

英国小说家赫伯特·威尔斯的长篇科幻小说《隐形人》，讲述了一位科学家发明了隐形药水而成功隐形后的一系列故事。我们没有隐形药水，但是QQ聊天软件“隐身”状态想必很多人都用过的——“隐身”会让人暂时避开喧嚣。

“隐”，《说文解字》的解释是“蔽也”，就是藏起来了。藏在哪里呢？“隐”是一个形声字，左边原作“阜”，像登山的阶梯，右边的“㥯”（yǐn）用来表音。到了隶书，“阜”写作“阝”，“㥯”写作“急”，都简化了，但繁体字还写作“隱”。“阜”的古文字字形因为似耳朵且常写在字的左边，所以后世称之为左耳朵旁。当然以“阝”为偏旁的字和耳朵没有任何关系，而是和山崖、障碍物有关，例如险、阻、阶、除、陛、隔、障等。

隐，最初当是指隐藏在山里。《论语·泰伯》云：“天下有道则见，无道则隐。”孔子认为天下清明就一展才华，黑暗则隐退。在《论语·季氏》中，孔子又说“隐居以求其志”，进一步说明以隐居避世来保全自己的志向。

隐士是一特殊人群，他们才德学识超凡、人格独立、思想自由、不求闻达、不入仕途，如伯夷、叔齐、钟子期、竹林七贤、陶渊明等，历代不乏其人，成为中国历史上一道稀有的珍贵风景。

是啊，真正的隐者是稀有的，你就是亲自去寻也不一定寻得到呢——

寻隐者不遇

贾岛

松下问童子，言师采药去。

只在此山中，云深不知处。

松下问童子　张丽敏

前边我们说的几位诗人都不甚有名，包括文宗皇帝李昂。现在我们说一位有名的诗人，他就是贾岛。

据《唐才子传》记载，贾岛是范阳人，早年因家贫无依，曾出家为僧，取法名“无本”。唐人韩愈有一首长诗《送无本师归范阳》，这“无本师”指的就是僧人贾岛。此诗上来就说：“无本于为文，身大不及胆。吾尝示之难，勇往无不敢。”意思是贾岛写诗作文胆子很大，胆子到底有多大呢？比他的身体还要大；因为有了这样的胆量，所以在创作上不管面对什么困难，他都勇往直前无所畏惧。这对贾岛是一种很高的评价，从中也可看出韩愈对贾岛了解之深和二人关系之密切。

关于两人的相遇相识，还有一个流传久远影响很大的故事。一次，贾岛去拜访朋友，想出了两句诗“鸟宿池中树，僧推月下门”，到底是“推”好还是“敲”好呢？他骑着瘦驴走在长安大道上，一边吟诵一边做着“推”和“敲”的动作。

贾岛虽然懂诗，他的驴子却懵懂无知，不知道回避达官贵人，不觉就冲撞了京兆尹也就是当时长安市市长韩愈的队伍。韩愈问明白情况，不但没生气，还与贾岛惺惺相惜，就告诉他说还是“敲”好，因为“敲”不但有声音效果，也显得有礼貌。这就是著名的“推敲”的典故，这两句诗就是后来写入《题李凝幽居》中的“鸟宿池边树，僧敲月下门”这一名联。

到唐文宗李昂的时候，贾岛终于做了四川遂州长江县主簿，是一个从事文秘工作的小官。贾岛虽然人长得面貌清瘦，官也做得小，从此人们却都称他为“贾长江”，他的集子就叫《长江集》——我不知道中国古代诗人的集子还有哪一个比这个名字更大气磅礴。

《唐才子传》还说，贾岛诗风冷僻孤傲，世上很少知音。他曾慨叹道：“了解我平生志愿者，只有终南山紫阁峰、白阁峰上的隐者罢了。”他这首诗的题目叫《寻隐者不遇》，大概他这次去寻找知音也没有遇到，那时通信不便，人家没接到他的预约，早到山中采药去了。

隐者虽然不在，却并没有与人间俗世断绝关系，因为还有他的童子在。在一棵大松树下，贾岛遇到了隐者的徒弟童子，这位童子大概也认得贾岛，知道他和师父的关系，所以两人对话单刀直入、简约明白，让人听得字字清楚，却又觉意犹未尽。

贾岛问："小童，你师父可在？"小童说："不在。""不在？干吗去了？""采药去了。""到哪里采药去了？远吗？""不知道，反正就在这山里头，说不定就在那个云雾缭绕的山头上呢。"说完一指，干他的活儿去了。

贾岛素以"推敲"著称，想来这明白如话的二十个字，能够有如此高的艺术价值，供后人千年吟诵不辍，他还不知"推敲"了多久，花了多少心血呢。

上 · 汾上惊秋

上 · 汾上惊秋

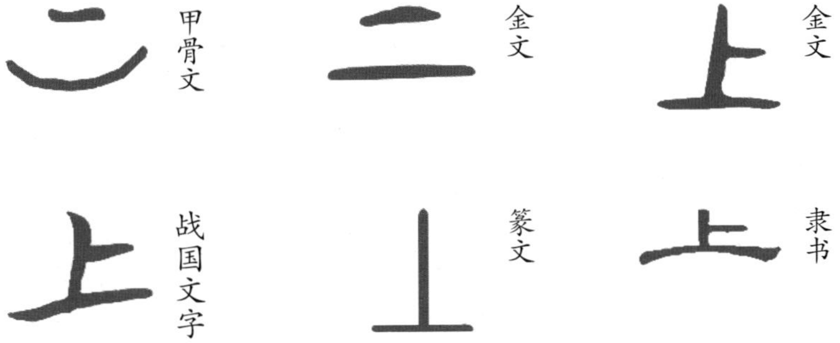

如果让你造个字来表示“上”，你会如何造呢？这个问题看似简单，其实还真不容易。你可能会画桌子上的书本，或者树上的鸟儿，但这些都是具体情境下的“上”的某一种意思，还难以涵盖“上”的一切意思，“上”是一个很抽象的概念。

古人非常智慧，他们画一长横或一长弧线表示事物的表面，然后在这上面画一短横表示“上”；相应地，在下面画一短横表示“下”。这就是甲骨文“上”“下”的写法。古人充分利用上下的位置关系，造出了这个简洁的汉字，从中也可以看出古人抽象观念的形成。

“上”“下”的甲骨文字形与表示数字的“二”的字形很相似，稍不留意就容易混淆。为了区别，金文中“上”字和“下”字就都分别出现了加一竖的写法，这种写法保留至今。

《论语》云：“子在川上曰：‘逝者如斯夫！不舍昼夜。’”是说孔子站在河岸上，感叹道：“时光就像这眼前奔流的河水一样，昼夜不停地流逝掉了。”

时间流逝，四季更迭，大自然漠然地轮回着，而多情的诗人们每每看到江水的流去，看到树叶的飘零，总是不由悲从中来，不能自禁。

这一天，苏颋（tǐng）来到“汾上”，他又有怎样的感受呢？

汾上惊秋

苏颋

北风吹白云，万里渡河汾。
心绪逢摇落，秋声不可闻。

苏颋这个诗人，现在是不大有名了，在当时名声却很大，他和下一篇我们要说的《蜀道后期》的作者张说齐名，故当时人称他俩为“燕许大手笔”。

苏颋文名大，官也做得高，他当过宰相，还封许国公。前边我们讲《咏史》时，说《旧唐书》称“有唐以来，诗人之达者，唯适而已”，读到这首诗，我们才知道，苏颋不但宰相的官职比高适的散骑常侍高，其许国公的“国公”爵位更是比高适渤海县侯的“县侯”爵位高。

诗题中的“汾”，指汾河，是黄河的第二大支流，也是山西省的第一大河。对于汾河，大多数中国人，尤其是对老一辈的中国人来说知道它，是因为20世纪60年代电影《我们村里的年轻人》中的插曲《人说山西好风光》。它唱道：“人说山西好风光，地肥水美五谷香。左手一指太行山，右手一指是吕梁。站在那高处望上一望，你看那汾河的水呀，哗啦啦啦流过我的小村旁。”

“汾上”，就是汾河边。苏颋好好地在京城做官，跑到老远的汾河边上来干吗？据说汉武帝时，有一年秋天率领文武百官到汾阴，也就是今山西省运城市万荣县来立后土祠，祭祀土地神。唐玄宗时，大臣张说又建议效法古人，祭祀后土祠。那年秋天，苏颋奉命前往汾阴修复扩建后土祠，惊于这里的秋声秋色，就有感而发写了这首诗。

万里渡河汾　赵红云

当年汉武帝来祭祀后土祠时，乘坐在汾河的楼船上，吟唱了一首《秋风辞》，其开头两句云：“秋风起兮白云飞，草木黄落兮雁南归。”苏颋说：“北风吹白云，万里渡河汾”，表面是说在这个秋天，我大老远来到汾河边上；其实他是暗用了汉武帝这两句诗，来指出汉朝那件事和唐朝这件事的联系。这样在有意无意之间的用典，显得艺术手腕很高明。

伤春悲秋是人之常情，皇帝也不例外，宰相也不例外。楚人宋玉在《九辩》中劈头就说：“悲哉秋之为气也，萧瑟兮草木摇落而变衰。”这也可以看作是中国悲秋诗的鼻祖。魏曹丕《燕歌行》诗云

“秋风萧瑟天气凉，草木摇落露为霜”，唐杜甫在《咏怀古迹》中说“摇落深知宋玉悲”，用的都是这一典故——总之，草木摇落，容易使人伤感，这是千古不变的。

摇落的是眼前景，听闻的是耳中声。苏颋听到了什么声音呢？他没说，几百年后，宋欧阳修在那篇有名的《秋声赋》里替他做了回答。欧阳修上来就说：“欧阳子方夜读书，闻有声自西南来者，悚然而听之，曰：‘异哉。’”这“悚然”和“异哉”两个词，也就把苏颋诗题中的一个“惊”字，解说得清清楚楚了。

蜀 · 蜀道后期

蜀 · 蜀道后期

甲骨文

金文

战国文字

篆文

隶书

“蜀”，甲骨文字形像蠢蠢欲动的大眼睛虫子，指的是飞蛾、蝴蝶类的幼虫，就是我们常说的可怕的毛毛虫。金文字形是在弯曲的虫子形内再加一条虫子，增强表意。后来的小篆、隶书都沿袭了这一结构。在甲骨卜辞中“蜀”多作族名和方国名。为示区别，后来另造一个“蠋”(zhú)字来表示“虫”的意义。

也有人解释这个虫子形的甲骨文字为“蚕”。毛毛虫和蚕看上去很像，但人们对它们的态度迥然不同。毛毛虫的毛有毒，人碰到就会皮肤红肿疼痛，所以《淮南子 · 说林训》云：“蚕之与蠋，状相类而爱憎异。”《韩非子 · 说林下》云：“人见蛇则惊骇，见蠋则毛起。”所以有的小学生喜欢养几条蚕做宠物，却没见谁养毛毛虫玩儿的。

古代四川西部属蜀地，东部属巴地，于是人们常以“巴蜀”代称四川。秦末，项羽与谋士范增密谋，把偏远的巴蜀分给了刘邦。没想到刘邦凭借巴蜀之饶，最终战胜项羽，建立了大汉王朝。故而在《汉书 · 五行志》中，刘向认为巴蜀之于汉就如同岐山之于周，是龙兴之地。后来三国时期，刘备同样占据巴蜀之地，也建立了蜀汉政权，但时移世易，结局就没刘邦那么幸运了。

蜀地是一个好地方，是一个大地方，不管是公事还是私事，不管是情愿还是不情愿，都有人去过那个地方。

蜀道后期

张说

客心争日月，来往预期程。
秋风不相待，先至洛阳城。

蜀道后期　王继红

张说（yuè）这位诗人，在讲上一首诗时，我们曾经提到过他。他官做到宰相，封燕国公，可以说是极有影响了。

古代有些有影响的人，都在民间流传许多逸闻轶事，为人所喜闻乐道。唐朝有个作家叫段成式，段成式有一本书叫《酉阳杂俎》。《酉阳杂俎》中有这样一个故事：有一年，唐明皇李隆基去封禅泰山，张说为封禅使。按照惯例，封禅之后三公以下的大小官员都官升一级。可是张说的女婿郑镒（yì）本来是九品官，却一下子升成了五品，获得了绯红的官服。

大宴群臣时，玄宗发现郑镒官位升迁太快，怪而问之，郑镒哑口无言，一个叫黄幡绰的宫廷乐师笑嘻嘻地说："此乃泰山之力也。"这句话说得真好，表面上是说郑镒的升迁是托了泰山的福，背后的意思却是说他靠了他老丈人张说的力。因此后人就把丈人称为"泰山"，又因泰山为东岳，故又称为"岳父"。

"蜀"是四川的古称，"蜀道"，就是去四川的道路。"后期"，是说比预定期限落后了。这首诗题目的意思是，因事到蜀地去，过了预定回来的日期，人还在途中没有回来。

张说是奉旨到四川出差公干。不管是在路上还是在官府，他都争分夺秒与日月赛跑。因为他的工作单位和家人老小都在洛阳，他到四川去就好比做客，做客之人的心中有哪一个不是盼着早点回家呢？除非那个"乐不思蜀"的刘禅。再说，不管是回朝交差还是回家探亲，本来都是安排好了日期和行程的。可不知何故，事情没有办完，尽管只争朝夕，却仍然不能按时东归了。这就是此诗前两句所说的内容。

大诗人总是很幽默，并且能时时自我解嘲，以此安慰自己的心灵，使之减少创伤。他和家人约定秋天相见，自己不能按期回家，他不责备自己，也不好怪罪工作，却偏偏对着毫无关系的秋风发起了小脾气："我不是不回去，只是晚几天，你这个烦人的秋风，你等我几天能怎样？你早早跑回洛阳城去，显得你腿快吗？你这样一弄，让我将来回去面对家人情何以堪！"这就是此诗后两句的内容。

古代诗人有一种特殊的创作手法，遇到不如意的事时，往往"迁怒"于不得不然的自然现象以显示自己的无可奈何。比如前边学过的金昌绪那首《春怨》说"打起黄莺儿，莫教枝上啼"，后边我们还要学到王安石的一首《春夜》，其中说"春色恼人眠不得"。秋风、春鸟、春色这些东西，自古以来就不会按照人的意志行事，而人却往往喜欢在诗歌作品中和它们较劲儿——当然，说到底这不是和它们较劲儿，这是在和艺术较劲儿，艺术的进步就是困难的克服，这是一种值得学习的艺术手法。

静 · 静夜思

扫码收看动漫

静·静夜思

金文

战国文字

篆文

隶书

甲骨文中没有“静”这个字，金文中“静”字多作人名出现。《说文解字》解释“静”为“审也”，就是看清、明辨的意思，并指出左边的“青”表意，右边的“争”表音。“青”在“静”中表什么意思呢？让人颇费思量。有人说“青”是草木初生色彩明丽，故有明辨的意思。这种阐释，颇感迂曲难通。

“静”的本义我们还无法明辨，但“安静”不是本义，而是它的后起义。安静义的本字是“竫”，“静”与“竫”是同音字，在使用中“静”常客串“竫”，安静义慢慢就发展成为“静”的主要义项了。

静，是人与自然的和谐共融。承德避暑山庄一正殿题额为“静含太古”，意思是此地清幽僻静，大有太古时代的意境，这或许是清朝皇帝选择此地休养的心理依据。静，让人放松，也易使人陷入冥思而有所领悟。

正如明薛瑄《读书录》所云：“静中有无限妙理皆见。”静，能够给人更专一的生命体验，能够让人从更宽广的视角理解世界，从而获得更深刻的人生启示。故《荀子·解蔽》言：“虚一而静，谓之大清明。”

有时候，夜是够静的了，月是够明的了，可人却无法冷静下来，因为他实在是想家——

静夜思

李白

床前明月光，疑是地上霜。

举头望明月，低头思故乡。

举头望明月　王继红

李白的一生颇具传奇色彩。在说《独坐敬亭山》时我们讲到，他的青少年时代，是在今四川绵阳江油一带度过的。可是自从顺江而下离开四川，在外漂泊几十年，他一直没有再回过自己的故乡。

是的，李白是很潇洒，好像很多事情都不曾放在心上似的。但是，我们都知道《常回家看看》这首歌，每当有人唱起，听到的人几乎没有不想家的。想家我们就回家，或者坐公交车，或者坐轮船，或者坐高铁，再远一点儿就坐飞机，反正不管怎么着，我们总能回家看望我们的父母、儿时的玩伴和家乡的山水树木。可是这一点人生的幸福感，李白却享受不到。

这不，在一个幽静而光亮的秋夜，李白想家而不能归，就写下了这首《静夜思》。

人生有很多思念，其中大部分偶尔想想也就算了。就像我们行走在田野间，不时听到鸟鸣、看到流云，但过后想起就想想，想不起也没什么牵挂。可是对故乡的思念不是这样，对故乡的思念就如同潜伏在身体内的某种病毒，它会时时发作，搔扰咬啮你的心旌，让你寝食不安、寤寐思服。

这天晚上，李白不知喝酒吃饭没有？他一个人躺在床上，迷迷糊糊就要睡去。夜是静极了，院子里没人，若有人，都能听到他咻咻的鼻息声。突然，呼吸变了节奏，他轻轻咳咳嗓子，披衣坐了起来。床的对面，是明亮的窗子，昨晚睡觉都忘了关。月光透过窗子，照在床前，自己的一双鞋子黑乎乎的，四周像是撒了一地霜——哦，天确乎有点冷了，李白紧了紧身上的衣服。

“床前明月光”的“床”，最常见的意义就是屋里我们睡觉的床。也有人说“床”是“井栏”——井口围栏——的意思，他们认为月光很难照到屋里的床上。我感觉还是讲为屋里的床好，因为在古代，月光照到屋里是一种很美的意象，诗人们常常写到它。

唐杜甫在《梦李白》诗中说：“落月满屋梁，犹疑照颜色。”屋梁都能照到，难道照不到床前？宋晏殊《蝶恋花》词说：“明月不谙离恨苦，斜光到晓穿朱户。”能穿过宋朝的门户，难道不能穿过唐朝的门户？苏轼《水调歌头》词说：“转朱阁，低绮户，照无眠。”照得苏东坡，难道就照不得李太白？魏文帝曹丕《燕歌行》诗说得更加明白：“明月皎皎照我床，星汉西流夜未央。”——我至今还记得少年时老家床前的月光呢。

这不，李白撩起被子移腿下床，靸上鞋、踩着霜走到了窗前。他抬起头来望望，天上是一轮圆满的月亮，再低头看看远处的山影，自己的故乡还在山后的千万里之外呢。他闭上眼睛，静静地呆一会儿，然后关上窗子，静静回到床上，默默躺下。

当然，若把“床”解释成“井栏”也行，月光照在井水里也是很美的。不过那不是李白《静夜思》的意思，成了台湾现代诗人彭邦桢的名诗《月之故乡》的意思了。

歌 · 秋浦歌

扫码收看动漫

歌·秋浦歌

有一句话是“说的比唱的还好听”，这主要是侧重于说话的内容，并含有贬义。“说”怎能比“唱”好听呢？

《礼记·乐记》云：“歌之为言也，长言之也。说之故言之，言之不足，故长言之。”“长言”是拉长声调说话，类似于我们现在所说的“咏”。《毛诗序》云：“言之不足故嗟叹之，嗟叹之不足故咏歌之。”“咏歌”就是唱，在声调和表情方面都远远超过“言”也就是“说”，可见还是“唱的比说的好听”。中国最早的诗歌总集《诗经》就是古人传唱的歌词，可惜现在只能“说”不能“唱”了。

闻一多在《歌与诗》中写道：“想象原始人最初因情感的激荡而发出的如‘啊’‘哦’‘唉’或‘呜呼’‘嘻嘻’一类的声音，那便是音乐的萌芽，也是孕而未化的语言……这样介乎音乐与语言之间的一声‘啊’，便是歌的起源。”

沿着“歌”字的发展演变“溯洄从之”，会发现“歌”最初作（可，甲骨文），由“口”和一件劳动工具构成，像是表达劳动节

奏的号子。金文字形加“言”字增强表意。到了战国文字，“可”字下又加了一个“可”，成为“哥”字，“言”字旁也有写作“欠”的。甲骨文(“欠”)，像一个人张开大嘴引吭高歌。

我们来看看李白是怎么唱的吧——

秋浦歌

李白

白发三千丈，缘愁似个长。
不知明镜里，何处得秋霜。

秋浦歌　王继红

李白自从离开长安，到现在已经有十年之久。在长安时，他有机会接触皇帝，能及时向玄宗皇帝进言，表达自己的经邦理政之才，期待实现自己的政治理想。

这种心情对他来说是很迫切的，我们只要看他赴长安前那首《南陵别儿童入京》诗中的几句，就可明白。他说："游说万乘苦不早，著鞭跨马涉远道。"去向皇帝献计献策，现在已经有点晚了，所以听到命令，立即扬鞭催马向长安赶去。又说："仰天大笑出门去，我辈岂是蓬蒿人。"一边走一边笑，好像自己马上就能得到重用实现愿望，不再做这乡间草野之人了。他当时的那种率真烂漫劲儿，真是比儿童还有过之而无不及。

可是虽然我待生活如初恋，却无奈生活虐我千百遍。短暂的宫廷生活过后，李白被赐金放还，漫游大地山水，看上去是闲云野鹤，优哉游哉，其实有家不能归、有志不能伸的焦虑与痛苦，一直煎熬着他，就像出汗溻透了的一件湿背心，扔了怪可惜，穿着怪难受，是左右无法摆脱它的煎熬和黏扯。

就这样，漫游十年之后，他又一次来到了秋浦，就是今安徽省池州市贵池区一带，写下《秋浦歌》一组十七首诗，描写这里的自然风光与人文状貌，酣畅淋漓抒写自己的郁闷不平之气。这首《秋浦歌》，就是这十七首中的一首。

整个这首诗，就像一个电影长镜头：首先银幕上是一片白色，我们都不知这到底是银幕的底色还是镜头里的颜色。慢慢地，远了，小了，我们才看出这是一个人披散的满头白发，就像是飞泻的一道山间瀑布。诗人不是在《望庐山瀑布》中说过庐山瀑布"飞流直下三千尺，疑是银河落九天"吗？那是"三千尺"，这是"三千丈"，白发比瀑布还长了十倍，这是怎样惊心动魄的一种壮观啊，除了李白，还有人写得出吗？

诗人慢慢转过头来，长发都漫出了镜头之外，我们只看到他的脸：皱纹确乎比十年前增加了不少；当时弯弯上翘的嘴角，现在也有些耷拉了；眼睛里虽然还有点淡蓝的影子，但已不是老家蜀江春水的碧蓝——总之，满脸写着一个字“愁”。是啊，不是为了“愁”，谁的头发又能长到这么长、这么白呢？

镜头再远一点儿，再远一点儿，我们知道，刚才的白发和脸庞都不是直接看到的，而是通过镜子看到的，怪不得又“白”又“愁”却仍然显得那么美呢，原来是经过了铜镜的滤镜和美颜。

诗人看着镜子，镜头就定格了：这满头“秋霜”是怎么飞到镜子里的呢？这一问太精彩了，只有李白才问得出来，才不叫人感到突兀。我一直认为，“何处得秋霜”的“处”字不应该当方位讲，而应该当时间讲。关于这一特殊用法，在讲刘禹锡那首《秋风引》时我们曾经说过。他说“何处秋风至”，李白说“何处得秋霜”，这问的都不是“何地”而是“何时”。前几天照镜子还没有发现，今天一照，怎么突然全白了呢？——这是啥时候的事啊？真让人猝不及防。

镜头就此再也没有移动，镜子就此再也没有移动，就这样定格了一千多年，至今还是那样！

赠 · 赠乔侍御

扫码收看动漫

赠·赠乔侍御

战国文字

篆文

隶书

“赠”字由两部分构成，“贝”表意，“曾”表音。“贝”是古代的货币，与贝相关也就是与财物相关。《说文解字》解释说：“赠，玩好（hào）相送也。”“赠”就是把喜爱的东西送给别人。更深一层来看，赠的背后还有着情感的传达。中国人很早就注重礼尚往来，就像《诗经·卫风·木瓜》所言：“投我以木桃，报之以琼瑶。匪报也，永以为好也！”——赠者、受者都心领神会，由此促进和稳固了人我之间的情感。

《荀子·非相》云：“赠人以言，重于金石珠玉。”在君子看来，赠人以物，哪怕再贵重，都是等而下之的做法，不如“赠人以言”。《晏子春秋·内篇杂上》记载，曾子将要离开齐国，送行时，晏子问曾子：“君子赠人以车，不如赠人以言，您是想要几句话呢，还是要一辆车呢？”曾子说：“您还是送我几句话吧。”那句“君子居必择邻，游必就士”，就是晏子当时赠言中的话。这样的金玉良言不仅曾子受益，后人也将其奉为处世之道，受益良多。

到了古代诗人那里，赠言就升级为了美好的诗句，这就是酬赠诗。赠诗是赠送给别人诗，酬诗是答和别人的诗。赠诗一般会在诗题上标明“赠”“呈”“寄”“送”等字样。

陈子昂“赠”给乔侍御的诗都写了些什么呢？

赠乔侍御

陈子昂

汉庭荣巧宦，云阁薄边功。

可怜骢马使，白首为谁雄？

赠乔侍御　王继红

陈子昂这个诗人，在我们这个“解字说诗”系列中虽然是初次出现，喜欢唐诗的青年朋友对他却一定不陌生。对，因为他有一首《登幽州台歌》，那几乎是家喻户晓了：“前不见古人，后不见来者。念天地之悠悠，独怆然而涕下！”

陈子昂事业不够顺利，他的同事也是如此；啥人找啥人，有时就不免同病相怜一番。诗题中的“乔侍御”叫乔知之，因曾担任侍御史，故称“乔侍御”；又因为排行十二，故又称“乔十二侍御”，这首诗就还有一个题目叫《题祀山烽树赠乔十二侍御》。乔知之曾和陈子昂一起出征并肩作战，因此不但是同事还是战友，他俩之间有不少唱和赠答之作。

唐代诗人写诗有一个习惯，就是喜欢用汉代的典故来表达唐代的事情。比如高适《燕歌行》说“汉家烟尘在东北，汉将辞家破残贼”，杜甫《兵车行》说“边庭流血成海水，武皇开边意未已”，白居易《长恨歌》说“汉皇重色思倾国，御宇多年求不得”。在这里表面上说的是“汉家”“汉将”“武皇”“汉皇”，实际上说的都是“唐家”“唐将”和“唐皇”。这种手法后人总结为“以汉称唐”或“借汉喻唐”。陈子昂这首《赠乔侍御》，用的也是这样的手法。

“汉庭荣巧宦”，是说汉朝的朝廷就像肥沃的土地，那些善于趋迎奉承的官吏就像草，在这里生长得很茂盛。“云阁薄边功”，是说在边疆上立功的人很少得到表彰。“云阁”是东汉宫中台阁名，即云台。汉明帝时曾图画辅佐光武帝刘秀匡复汉室的二十八位大将肖像于云台，即所谓“云台二十八将”。唐李白《游敬亭寄崔侍御》诗说“壮士不可轻，相期在云阁”，这个“云阁”，也是指云台。在这一联诗中，一个“荣”字和一个“薄”字都用得非常精彩。按照事物的正常规律，边关立“功”的人应该繁茂滋“荣”，投机取“巧”的人应该得到鄙薄才对；而现在情况恰恰相反，这怎能不让人扼腕叹息呢。

“可怜骢马使，白首为谁雄”，这两句是说可怜乔知之头发都白了，还在为谁努力逞雄呢？“骢马使”，指东汉人桓典，他曾任侍御史，为官有声望，出外常骑青骢马，人称骢马使。因乔知之也曾担任过侍御史，故以此代指乔知之。那时乔知之已50来岁，头发已经白了。这虽是正常现象，但古人寿命短，头发一白就预示着事业到了尽头，所以很是忧伤。李白说自己“白发三千丈”时，也只是50岁刚出头——若是都能活到八九十岁，他们的牢骚和感慨，可能就会少些吧？

守·答武陵太守

扫码收看动漫

守·答武陵太守

甲骨文

金文

战国文字

篆文

隶书

“守”，甲骨文作，金文作或，由表示房屋的“宀”（mián）和表示手的“又”或“寸”构成，古人以此组合来表示对财产或领地的守护。

春秋末年，为了守护国防，诸侯各国在边地设郡，掌管者由国君直接任命，多由武将充任，称为守，又称郡守，尊称为太守。秦统一后，在全国设置三十六郡，郡的行政长官依然称为郡守。汉景帝时，郡守正式更名为太守。隋朝废太守之名，代之以刺史。隋唐时期，刺史、太守之名屡变，其实质没有多大差别。直到公元757年，唐肃宗改郡为州，太守不再为正式官名。宋代改刺史为知州。但人们仍习惯将刺史、知州称为太守。宋欧阳修《醉翁亭记》云：“太守谓谁？庐陵欧阳修也。”——其实欧阳修担任的官职是滁州知州，说“太守”只是文人对人或对己的雅称而已。

《后汉书·刘宠传》记载，刘宠任会稽太守时，废除苛税，为官清廉，深受百姓爱戴。离任时，五六位七八十岁的老翁每人带着一百文钱给他送行。刘宠不忍拂了他们的厚意，从中各选一文钱留下，其余退还，时人称其为“一文太守”。后来“一文太守”成为廉政爱民官员的代称。

在陶渊明《桃花源记》那篇文章中，我们已经接触过一位晋朝的武陵太守了，今天我们再随王昌龄来结识一位唐朝的武陵太守。

答武陵太守

王昌龄

仗剑行千里，微躯敢一言。

曾为大梁客，不负信陵恩。

答武陵太守　王继红

王昌龄这位诗人，在说《送郭司仓》那首诗时我们已经认识他了。那首诗他送给郭司仓，这首诗他写给武陵太守。

武陵在今湖南常德一带，经常到湖南旅游的人，对这个地名一定不陌生。武陵太守就是武陵郡的太守。“答”，本来是回答别人的问话，古代诗人喜欢互相寄诗，我接到了你寄来的诗，写一首诗给你寄回去，这也叫“答”，比如前边咱们就说过一首韦应物的《答李浣》。

但细看《答武陵太守》这首诗，不像是分别之后的作品，倒像是分别之时的语气，因此我们推断，这里的“答”不是寄诗酬答，而应该是当面“答谢”的意思。

王昌龄要到哪里去，我们不知道。但他这一次辞别武陵太守肯定是要进行一次远行，因为他说：“仗剑行千里。”我猜想，这次王昌龄可能在武陵太守家里住了一些日子，作为“门客”受到了很好的礼遇接待，而自己虽正在倒运之时，没有什么东西回报，却又不甘于长期寄人篱下，所以才有了后面三句诗作为辞行的交代，否则若是仅仅一顿饭的招待，后面的话就有些过重甚至浮泛不实，武陵太守看了听了，也会觉着肉麻而不实在——分寸感是这类诗成败的关键。

王昌龄说，您这么好地招待我，我也想报答您，可是目前条件还不具备——除了一把宝剑，啥也没有。说声谢谢吧，显得客气，不说吧，显得无礼。我都想了好几天了，有一句话不知当说不当说；现在就要分别了，不说就没机会说了，我就大胆说了吧。“微躯敢一言”，就是我这官小身微之人就冒昧地、大胆地说一句吧。说了些什么呢？

“曾为大梁客，不负信陵恩。”大梁，是指战国时魏国都城，在今河南省开封市一带。“大梁客”，指的是当时信陵君的门客，这里特指侯嬴。侯嬴是个70岁的老头，在大梁看守城门，后来结识了信陵君，成为座上客，为信陵君设计窃符救赵，立下大功，最后为报信陵君之恩，自刎而死。唐胡曾《咏史诗 · 夷门》云：“唯有侯嬴在时月，夜来空自照夷门。”说的也是这件事情。

王昌龄的意思是，当年侯嬴受到信陵君礼遇，不负信陵君之恩以死相报，我将来也会如此这般报答武陵太守您的。如此这般的话，王昌龄当时肯定说了，但诗中没有写出来。诗贵含蓄，讲究火候和分寸，若像我这样什么都说出来，那就不是诗而成了散文随笔了。由此也可见，豪杰之士做人门客时的思想感情是复杂的，表面的豪爽之下实则有着回肠九曲的万般无奈。

还有一个问题。读这首诗，大家有没有感觉不太押韵？在诗韵中，“言”和“恩”都在“上平声十三元”，也就是《红楼梦》中黛玉和湘云联句时押的“寒塘渡鹤影，冷月葬花魂”那个韵。这个韵的字最别扭，不光现在读着不押韵，在很早以前就不押韵了，尽管写诗还得那么写，所以有人就痛骂说：“该死十三元！”

军·行军九日思长安故园

扫码收看动漫

军·行军九日思长安故园

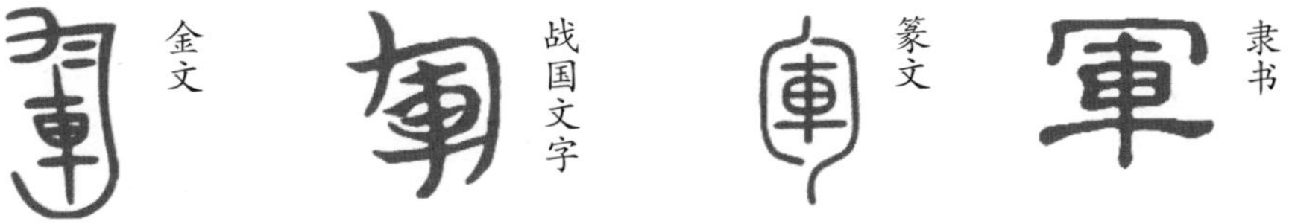

“军”字字形的演变可以看作是一部裁“军”史。“军”金文作，以中心部位的“車”表意，以外围的“匀”表音。也有的金文省写作。在睡虎地秦简中可以看到更为简化的，此字形一直延续到现代。1956年简化汉字，“軍”进一步简化为“军”，就看不出车轱辘的样子了。

“军”的本义是军队编制单位。《周礼·地官司徒》云：“五人为伍，五伍为两，四两为卒，五卒为旅，五旅为师，五师为军。”“军”是最大的军队编制单位，“旅”其次，故而“军”“旅”常连称，以“军旅”泛指军队或军队生活。《周礼·夏官司马》云：“凡制军，万有二千五百人为军，王六军，大国三军，次国二军，小国一军，军将皆命卿。”由此，我们可以了解到周朝各诸侯国军队的规模。“大国三军”，即37500人的规模。

春秋时很多诸侯国的军队分为三军，但名称略有不同，如楚国设中军、左军、右军；晋国设中军、上军、下军；魏国设中军、前军、后军。从文献记载的战争规模来看，各国“三军”的人数实际上已经超越了37500人。《论语·子罕》：“三军可夺帅也，匹夫不可夺志也。”“犒劳三军”“勇冠三军”“三军易得，一将难求”等中的“三军”都是泛指全军。

参了军就成了全军的一员，就没有随时回家看看的自由了，就算你是大诗人。

行军九日思长安故园

岑参

强欲登高去，无人送酒来。

遥怜故园菊，应傍战场开。

岑参是盛唐杰出的边塞诗人，和高适齐名。唐杜甫有一首《寄彭州高三十五使君适、虢州岑二十七长史参三十韵》诗，“高三十五”就是高适，“岑二十七”就是岑参，两个人排行数目如此之大，可见都是出身于大家族。诗中说：“高岑殊缓步，沈鲍得同行。”说他们俩虽然名声得来较晚，而才学却可以和南朝大诗人沈约、鲍照并驾齐驱，后来人们就慢慢合称他俩为“高岑”了。

岑参的许多边塞诗都是在西域写成的。他在那里，有时不免想家，看看他那首《逢入京使》就可以知道：“故园东望路漫漫，双袖龙钟泪不干。马上相逢无纸笔，凭君传语报平安。”诗中的“故园”，就指诗人在长安的故居家园。

这首《行军九日思长安故园》，诗题下面原来有一行小注说：“时未收长安。”可见此诗是写在安史之乱中唐军收复长安之前。那时正是九月九日，诗人正在行军途中，突然之间就很想家很想家了。

《易经》中卦的形象都是由两种符号组成，即阳爻“—”和阴爻“--”。阳爻称为“九”，阴爻称为“六”。九月九日月和日都是九，也就是两个九相重，所以就叫“重阳”或“重阳节”。在古代诗歌

行军九日思长安故园　张丽敏

中，只要不写出月份而只称“九日”，一般都是指九月九日。

古代民间有重阳节登高的习俗，并且要饮菊花酒、佩戴茱萸，所以唐王维才在《九月九日忆山东兄弟》诗中说：“遥知兄弟登高处，遍插茱萸少一人。”这一次，诗人岑参也要登高，也要喝酒，可惜因为是在打仗的行军途中，这点小愿望，也不能实现了。

“强欲登高去”，是说今天虽然是九月九日重阳节，照理是要登高的，但现在条件不允许，就算在路边随便找个小山包勉强登一登，算是未能免俗，似乎也没必要。为什么呢？据说陶渊明在九月九日那一天想喝酒家里却没有酒，就到宅边的菊花丛中呆坐着死熬，熬了半天，恰巧有人给他送酒来了，他就地打开就喝，喝醉了才回屋睡觉——今天，就算勉强登高，也“无人送酒来”，这高看来还是不登的好，免得徒增烦恼。

自己的高虽然没有登成，对家乡故园的思念却是越来越迫切了，因为“每逢佳节倍思亲”。“遥怜故园菊”的“怜”是眷恋、爱惜的意思。家乡故园的东西多的是，为何只提这菊花呢？首先因为这是九月九日，思念菊花是这个节日的应有之义；其次，这是诗歌艺术中以物代人的常用手法。王维《杂诗》说“来日绮窗前，寒梅著花未”，不提别的单提寒梅，用的也是这种手法，这样写显得格外蕴藉含蓄，余味无穷。

照时节，家园的菊花肯定开了，但是长安城内如今还是战场，菊花开在战场旁边，恐怕家人也和我一样，不但无暇赏花喝酒，甚至生命安全都不一定有保障呢。“应傍战场开”这一句写得很铿锵，含义也是非常丰富。

婕 · 婕妤怨

婕 · 婕妤怨

篆文

“婕”，形声字，左边的“女”表意，右边的“疌”表音。《说文解字》的解释是：“婕，女字也。”“婕”是女子名字的用字。

汉武帝时，为宫中的妃嫔设置了“婕妤（yú）”等称号。汉代婕妤的地位在不同帝王时期略有不同，但总体来说地位较高。《汉书·外戚传上》记载“倢伃视上卿，比列侯”，就是将倢伃视为上卿，爵位等同于列侯。“倢伃”是“婕妤”的另一种写法，这一称号一直沿用到明代。

《汉书·外戚传下》中讲述了汉元帝的宠妃冯婕妤的故事。一次，汉元帝去虎圈观斗兽，后宫妃嫔也都同往观看。忽然熊逃出圈外，攀着栏杆欲爬上殿。左右妃嫔吓得四处逃散，只有冯婕妤挺身而出，挡住熊的去路，这时侍卫们赶来将熊杀死。元帝问她：“人见了猛兽都十分恐惧，你为什么上前把熊挡住？”冯婕妤说：“猛兽捉住一个人就不再捉别人，我怕熊会伤害陛下，所以挡住了它。”元帝十分赞叹，对她更加敬重，其他妃嫔都非常惭愧。

汉成帝的宠妃班婕妤，也是一位有才有德的奇女子，最终却落得个与“悲”字结缘，以至于后人常用“婕妤悲”来表示失宠的哀怨，或借指秋凉。如唐陆龟蒙《秋热》诗云：“总如南国候，无复婕妤悲。”——她的故事，引发了后人的无数感叹。

婕妤怨

皇甫冉

花枝出建章，凤管发昭阳。

借问承恩者，双蛾几许长？

皇甫冉这个诗人我们也觉得挺陌生，但在当时他名声是很大的。据说他10岁就能写文章，深受著名诗人张九龄器重。后来他参加进士考试，得到过状元。他有一首五言律诗《巫山高》，是千古传诵的名篇：“巫峡见巴东，迢迢半出空。云藏神女馆，雨到楚王宫。朝暮泉声落，寒暄树色同。清猿不可听，偏在九秋中。”对仗、音韵等令人流连难舍。可惜《千家诗》中没有收录，咱先不去说它，只说这一首。

这一首写得也很好。《婕妤怨》是乐府旧题，相传是为伤悼汉成帝妃子班婕妤而创作的。班婕妤叫什么名字，我们不知道，因为在嫔妃中她的级别是婕妤，故后人称为班婕妤。她不仅仅是汉成帝的宠妃，她还是班固、班超、班昭的老姑，是中国文学史上著名的女辞赋

花枝出建章　张丽敏

家和诗人，有《团扇歌》传世，通过歌咏一柄细绢团扇开始被皇帝喜欢，到最后被皇帝抛弃的命运，来自悼身世。

她的身世命运确也值得后人伤悼。因为美而能文，一开始她甚得汉成帝宠爱，后来赵飞燕姐妹进了宫，她逐渐失宠，自请到长信宫侍奉太后，郁郁而终。在这里，诗人皇甫冉只是借《婕妤怨》这个旧题目和一些汉朝旧事，来表达自己的感受体验，这就仿佛是用旧瓶装新酒，我们喝的时候不要被酒瓶和商标所迷惑。

建章，即建章宫，为汉武帝刘彻所建，有空中通道直通皇帝居住和办公的未央宫。“花枝出建章”，表面写建章宫种满了鲜花，景色诱人，实际是说宫女们打扮得花枝招展走出建章宫。凤管，指能发出凤鸣般声音的管乐器。昭阳，指昭阳殿，汉代后妃居住的地方，因汉成帝宠妃赵合德——赵飞燕的妹妹——曾居于此，故又指贵妃所居之地。唐王昌龄《长信秋词》诗云：“玉颜不及寒鸦色，犹带昭阳日影来。”白居易《长恨歌》诗云：“昭阳殿里恩爱绝，蓬莱宫中日月长。”用的都是这一典故。

建章宫中美女如花开，昭阳殿里箫管似凤鸣，对于参与其中的人，载歌载舞，极享其奢华浮靡，自然是其乐融融，不知今世为何世。但对于失宠幽居的妃子来说，她就不免犯嘀咕了：“借问承恩者，双蛾几许长？”——“我就想象不出这些人的蛾眉到底有多长多好看，怎得皇上如此恩宠，而把我放在这冷宫，就像在冰箱里放一尾鱼，真真叫人想不通也呀！”

诗的表面意思就是这些，但诗人写这样的诗，肯定不仅仅是发思古之幽情，隔着700多年的遥远时光，为一位失宠的妃子喊冤叫屈鸣不平。我们知道楚国的诗人屈原在《离骚》中曾说“众女嫉余之蛾眉兮”，以美女自比，以“蛾眉”自比自己的才能。在当时，诗人皇甫冉名声很高而官阶很低，就像班婕妤那样得不到皇帝的赏识青睐和雨露沾溉。他就如同当年的屈原那样，借此抒怀，发发牢骚，大概也是“夺他人之酒杯，浇自己之垒块”吧？

寺·题竹林寺

扫码收看动漫

寺·题竹林寺

金文

战国文字

篆文

隶书

“寺”，在金文和小篆中，下面是“手”，上面是“之”。“之”不仅表音，还表到达义。两部分结合表示手之所之，即持取、拥有义。“寺”是“持”的本字，后来有了“持”这个字，“寺”的持取义就慢慢消失了。

现在一说到“寺”，人们马上就会联想到各地都有的“大佛寺”“普照寺”之类烧香拜佛祈福求安的地方。《说文解字》解释说：“寺，廷也。有法度者也。”“廷”指朝廷、官府，不管实际情况如何，表面上这都是讲法制的地方。因此在许慎的时代，“寺”的通行义是官署名。

秦代丞相和太尉的办公机构称“府”，御史大夫的办公机构就称“寺”。汉代实行三公九卿制，他们的办公机构都称“寺”，如鸿胪寺，掌管朝贺庆吊之礼，相当于今天的礼宾司。东汉永平十年（67），印度僧人用白马驮经到达洛阳，就由鸿胪寺负责接待。第二年，明帝下诏，在洛阳城西建造庭院，将白马驮经与鸿胪寺结合起来，命名为“白马寺”——从此，“寺”就成为供佛藏经之所，也成为佛教庙宇的通称。

白马驮经来到中国的时候，许慎还小，到他撰写《说文解字》的时候，佛教在中国也还没有普及到深入人心的程度，所以他没有解释

“寺”的“寺院”这个意义。到了唐代，佛教是很兴盛了，许慎没赶上的事，让朱放赶上了，只可惜没法去告诉许慎了。

题竹林寺

朱放

岁月人间促，烟霞此地多。
殷勤竹林寺，能得几回过？

朱放这个诗人，我们也很陌生。但在当时他也很有名，不是因为官做得大有名，而是因为有机会做官而不做得名，这也是一种颇有价值的人生别样选择，惹得后世许多高洁之士啧啧称奇。

殷勤竹林寺　赵红云

《唐才子传》说，他当初住在汉水边上，有一年碰上饥荒，就到浙江剡溪、镜湖一带富庶地区隐居，放下一切富贵荣华之心，在云深不知处结庐而卧、钓鱼而食、砍柴而炊，就像明唐伯虎《言志》诗所云，“不使人间造孽钱”。

闲着也是闲着，有时他就破衣烂衫转转当地的酒家，江浙一带的很多风流名士都因他品德高尚而追随在他的左右。如前边我们讲过的皇甫冉和他的弟弟皇甫曾，还有皎然、灵彻等高僧，就都是他的好友。

有一回没忍住，他出去做了一回小官，由于很不习惯点头哈腰，不久就坐船回山隐居去了。后来朝廷听说了他的大名，就特别礼聘他去做左拾遗，就是杜甫曾经做过的那种小官，他上表辞谢，表示不感兴趣。因为他有这样清高的品德，所以他的诗也写得高超而闲散，一般俗人是写不出那样的情调的。

竹林寺，在今江苏省镇江市黄鹤山上。传说南朝刘宋开国皇帝刘裕不得志时，曾在竹林寺的讲堂上睡过觉，后来登基做了皇帝，就把竹林寺改名为鹤林寺。

人生是很短暂的，有人在痛饮狂歌中度过，有人在高官厚禄中度过，有人在建功立业中度过，有人在饥寒交迫中度过……但生命都是转瞬即逝。朱放是一位高人，见识自然不凡。他说“岁月人间促，烟霞此地多”，意思是人间岁月是短促的，竹林寺周围的烟霞却是多之又多。这两句是对比着来写的，用自然风光的无限来衬托人事岁月的短暂。

在这里，“烟霞”指烟雾和云霞。当然，这烟雾不是我们焚烧垃圾那样呛人的烟雾，而是自然界美丽轻柔的像烟一样的雾气。黄鹤山上的景观肯定不少，但诗人抓住这最美最多的“烟霞”来写，就把这座山的神采和魅力给写出来了。这个“多”字不但是指面积或体积范围大，而且更指时间范围长，普普通通的一个字，被诗人用得活灵活现。

人生苦短而自然永久，可是诗人既不愿炼丹坐禅常伴这烟霞美景，又不能随身带着这烟霞美景上路，是留又不想留、带又带不走，诗人陷入了两难的境地，万般无奈，只能问一声：“殷勤竹林寺，能得几回过？”你这多情的竹林寺啊，我争取多来看你几次吧；可是到底还能再来几次，世事难料，又怎能说得准呢？

“过”是看望拜访的意思，如唐孟浩然就有一首诗叫《过故人庄》，我们接着要讲的戴叔伦《过三闾大夫庙》等，都是这样的用法。“过”字在诗韵中属于下平声“五歌”韵，读平声，和“歌”近似；若按现代普通话读去声，和上面的“多”就押不上韵了。关于这一点，我们在前边解说令狐楚那首《思君恩》时，也曾说过。

烟霞此地多　何峰

过·过三闾大夫庙

扫码收看动漫

过·过三闾大夫庙

金文

战国文字

篆文

隶书

“过”在金文中，左下方的“辵”(chuò)表示和行走义相关，右上部的“咼”(guǎ)表音，因此繁体字“過”是一个形声字。简化字形“过”源自“過”的草书写法。《说文解字》解释“过，度也”，就是经过的意思。《论语·宪问》云“有荷蒉(kuì)而过孔氏之门者”，就是说有个人挑着草筐从孔子家门口走过。刘禹锡的名句“沉舟侧畔千帆过”，用的也是“过”的本义“经过”。

宋陈从易偶然得到一本杜甫的诗集，读到《送蔡希曾都尉还陇右因寄高三十五书记》时，发现“身轻一鸟”一句的后面少了一个字，他和几位诗友想为其补上。有人补“疾”，有人补“落”，有人补“起”，有人补“下”，都觉不满意。陈从易后来得到了一个完整的杜诗的集子，发现原来那句是“身轻一鸟过”，不禁大为叹服。用“过”字来形容练兵场上的蔡都尉跳得又高又快，像一只鸟在眼前飞过一样，确实再形象不过了。

“过”由经过之义又引申出拜访、看望之义。《诗·召南·江有汜》云：“江有沱，子之归，不我过。”长江的支流叫沱江，心爱的人儿回来了却不来看望我。这个拜访、拜谒意义的“过”字，在唐代诗人的笔下经常出现，如孟浩然的《过故人庄》，如这篇《过三闾大夫庙》。

过三闾大夫庙

戴叔伦

沅湘流不尽，屈子怨何深？

日暮秋风起，萧萧枫树林。

戴叔伦这位诗人，在当时颇有诗名，《唐才子传》说他“诗兴悠远，每作惊人”。他有一首《兰溪棹歌》非常有名：“凉月如眉挂柳湾，越中山色镜中看。兰溪三日桃花雨，半夜鲤鱼来上滩。”假如你读过这首诗，还没见过戴叔伦的话，那就通过这首《过三闾大夫庙》来认识他吧。

屈原的时候，楚国有三大王族，分别是昭、屈、景，合称三闾。屈原曾担任过掌管这三大家族事务的三闾大夫一职，所以后人习惯称他为“三闾大夫”。屈原闻听楚国都城郢被秦国占领，痛心疾首无以报国，自沉汨罗江而逝。后人感于他感天动地的忠爱之心和震古烁今的文学成就，修建庙宇来祭祀他，这庙宇就称“三闾庙”或“三闾大夫庙”，这首诗的题目也有写作《三闾庙》的。

沅江和湘江是湖南的两条大江，屈原曾长期流放踟蹰在这片山水之间，沅湘文化成就了他人格的高洁和文品的伟大，他的血液里流淌着这两条江的水纹和魂魄。“沅”和“湘”这两个神秘悠远的字眼，经常在他的作品中出没，仿佛就成了他的生命符号，并时常在读者心灵上盖上印记。

汉司马迁在《史记 · 屈原列传》中说：“屈平正道直行，竭忠尽智以事其君，谗人间之，可谓穷矣。信而见疑，忠而被谤，能无怨乎？屈平之作《离骚》，盖自怨生也。”他的“怨”到底有多深呢？

诗人戴叔伦说："沅湘流不尽，屈子怨何深？"《离骚》盛不下，都洇出来化作绵绵不绝的沅湘之水了。

可是沅湘之水也盛不下他的一腔怨愤。从屈原到戴叔伦，沅江和湘江已经流淌了一千多年。在这一千多年中，这两条江的水里满是屈原的冤屈，如果你细心聆听，你都会听到江水的呜咽里隐隐悲鸣着屈原的幽怨之声。这里一个"尽"字和一个"深"字搭配得极好："尽"主要是时间概念，表示时间之长；"深"主要是空间概念，表示容积之大。这两个字在这里是互文关系，相互补充完足，就把屈原的满腹悲怨写得既深且长了。

沅湘流不尽　赵红云

照理说，诗的前两句虽然简短，却已经把屈原的怨情给写尽了。但是还不行，这样写情感太重、语气太强，会让读者受不了的，所以得淡化。“日暮秋风起，萧萧枫树林”，就把前两句的视觉形象引向了听觉形象：天晚了，秋风起了，让人想到屈原《九歌·湘夫人》中的“袅袅兮秋风，洞庭波兮木叶下”和《招魂》中的“湛湛江水兮上有枫，目极千里兮伤春心，魂兮归来哀江南”——真要把人给“愁”死“哀”死了。

诗的后两句，形象上虽然轻了、淡了，但艺术感染力并没有削弱，只是更为远大空阔，也就是无所逃于天地之间了。王国维《人间词话》中说“一切景语皆情语”，说的就是这种句子和这种艺术效果吧。

于・于易水送人

于 · 于易水送人

甲骨文

金文

战国文字

篆文

隶书

“于”，甲骨文作，也有省略的写法。到了西周中期，省略字形基本固定下来。那么这个字形像什么？本义是什么呢？清王筠认为“于”是“吁”的本字。郭沫若、裘锡圭推测这个字是乐器“竽”字。依据现有资料，“于”的本义还难以确定。甲骨文中，“于”已经假借为表前往义的动词，还用作引进时间、处所、对象的介词，这是由动词前往义虚化而来的。

西周时期，“于”字作动词的用法还可以看到，如《诗经·周南·桃夭》中“之子于归”中的“于”，就是作动词用，表前往义。但这种用法已不多见，“于”主要作介词用。春秋时期，出现了“于”字的异体字“於”。如《论语·述而》：“不义而富且贵，於我如浮云。”“於”的本义是乌鸦，因音同而借用为“于”。战国中晚期以后，“於”字的使用率甚至超过了“于”。

汉代以后，“在”字开始虚化为介词，随之，也开始了“在”取代“于”的过程。到了唐宋时期，“在”已经基本取代“于”。此后一直到现代，“于”只是作为古语表达方式的残留，保留在书面语中。其间，“于”的一些用法还逐渐被“到”“向”“从”等介词所取代。

在古汉语中，“于”既然是“在”的意思，那《于易水送人》当然就是在易水边上送人了。那送人的又是谁呢？

于易水送人

骆宾王

此地别燕丹，壮士发冲冠。

昔时人已没，今日水犹寒。

骆宾王这个诗人，大家一定不陌生，他不光才高，是“初唐四杰”之一，而且经历颇为传奇，故名头一直很大。

《唐才子传》说，骆宾王7岁就能赋诗，指的就是那首大家都会背的《咏鹅》：“鹅、鹅、鹅，曲项向天歌，白毛浮绿水，红掌拨清波。”武则天临朝听政的时候，骆宾王跟随徐敬业起兵讨伐武后，作了著名的《讨武曌檄》。武则天读后，惊叹其天才，说：“有这样的

今日水犹寒　赵红云

人才却不能为朝廷所用，这是宰相的过失啊。”兵败之后，骆宾王亡命天涯，不知所之。有人说他到杭州灵隐寺做了和尚，大诗人宋之问在一个月夜里还隐约见过他，听他吟了两句诗，也不知是真是假。

易水，也叫易河，在河北易县境内，是战国时荆轲刺秦王临别送行的地方。《史记·刺客列传》说，那时知道这件事的人，都穿着白衣服戴着白帽子来送荆轲，在易水河边喝酒饯行。高渐离击筑，荆轲随声高歌，声音苍凉慷慨，听到的人都流下泪来。最后荆轲走到燕太子丹跟前唱道：“风萧萧兮易水寒，壮士一去兮不复还！”人们都瞪大了眼睛，头发直立起来顶着帽子。荆轲就这样上车而去，头也不回地走了——再也没有回来，永远也不会回来了。

这大概是中国历史上最为惊心动魄的送别场面了，骆宾王不愧大才，用“此地别燕丹，壮士发冲冠”十个字就将人物气氛概括无遗，让人悚然一惊。只是细思起来，骆宾王似乎犯了个小错误。在《史记》中，司马迁说“士皆瞋目，发尽上指冠”，这里的“士”，是指那些送别的人，不是“壮士”荆轲，骆宾王好像把这顶帽子戴错了脑袋。不过不要紧，我们就把“发冲冠”的动作看作是“壮士”荆轲的好了，头发把帽子高高顶起来，形成一座白雪皑皑的富士山或乞力马扎罗山，真可以说是气壮山河、惊天动地了。

“昔时人已没，今日水犹寒”，这两句由写古人古事转向写今人今事，这才是此诗的主题之所在。这首诗有的本子题目是《易水送别》，看作是当年的易水送别也行。但若是《于易水送人》这个题目，那肯定无疑就是八九百年后骆宾王又一次在此地送人了。他说，当时送别的人不管是送的还是被送的早就都死了，但易水之水依然透着数百年前的寒意，仿佛那悲凉的气氛都冰雪般凝固不动了。

当然，这两句也可以反过来理解：尽管今天的易水之水依然寒冷如昔时，但自打那批人死后，就再也没有那样的英风豪气之人了。在题目中，骆宾王没有像我们前边说过的《答李浣》《夜送赵纵》那样，写出所送之人的名字，甚至连排行官职等都一字不提，可见这个人一定不是他理想中的人——他前虽见故人，后不见来者之感，一定是像易水一样寂寥清冷了。

别 · 别卢秦卿

扫码收看动漫

别 · 别卢秦卿

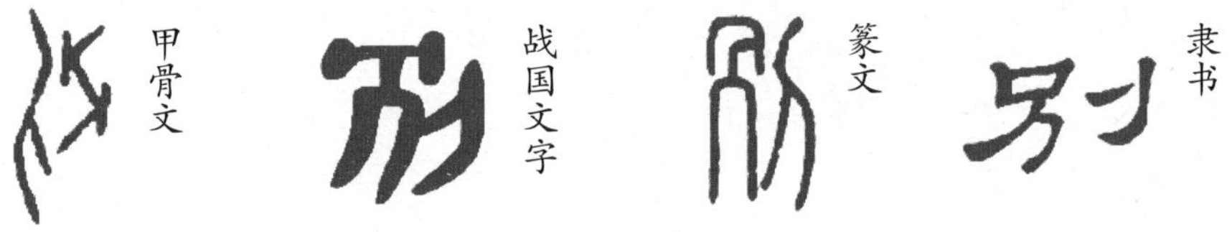

“别”，在甲骨文中，左边画了一把刀，右边是骨架。篆文字形反转过来，左边是骨，右边是刀。《说文解字》解释为：“别，分解也。”“别”字是用刀将骨肉分离，和“解”意义相近。

由有形的骨肉分离，“别”又引申出抽象的分开、分离之义。唐陆龟蒙《别离》诗云：“丈夫非无泪，不洒离别间。杖剑对尊酒，耻为游子颜。蝮蛇一螫手，壮士即解腕。所志在功名，离别何足叹。”虽对离别反复咏叹，却全无离别之愁怨，这是常人很难做到的。大多数人离别时都有着北宋柳永《雨霖铃》中“多情自古伤离别”的惆怅，或南唐李煜《浪淘沙令》中“别时容易见时难”的感慨，只是有人写出来有人憋在心里罢了。

据传，商陵牧子娶妻五年而无子，父兄要为其休妻改娶。其妻闻之，夜半起身，倚门悲啸。牧子不忍，于是弹琴作歌，叹别鹤以舒其愤懑，后人将此歌谱入琴曲，名为《别鹤操》。“别鹤”一词也就成为夫妻分离的代称。南朝鲍照《拟行路难十八首》：“宁作野中之双凫，不愿云间之别鹤。”南朝谢朓《同咏乐器 · 琴》：“是时操别鹤，淫淫客泪垂。”宋刘克庄《清平乐 · 丹阳舟中作》：“休弹别鹤，泪与弦俱落。”用的都是这一典故。

还是让我们暂时离开典故，看看现实中这两个人的分别吧。

别卢秦卿

司空曙

知有前期在，难分此夜中。

无将故人酒，不及石尤风。

司空曙这个诗人，当时也很有名声，他是“大历十才子”之一，《唐才子传》说他的诗“像刚开的鲜花在太阳下微笑”，这个比喻真是新颖别致，就像一首歌的名字所说《你笑起来真好看》，以及歌词所唱：“你笑起来真好看，像春天的花一样。”

卢秦卿和司空曙是朋友，两人要分别，但是谁走谁留呢？光从诗的题目《别卢秦卿》中我们看不出来。那我们就到诗中去看看吧。

“前期”，就是提前预定的日期。“知有前期在”，就是知道后会有期，并且日子都约好了。一般情况下，人们分别之时，先是叙友

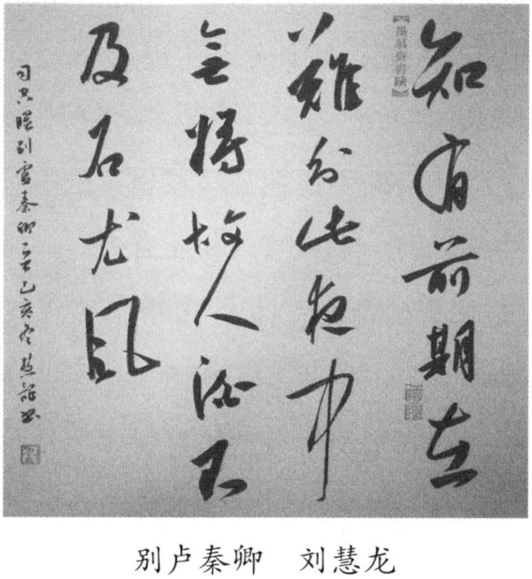

别卢秦卿　刘慧龙

情、谈理想等，最后才约定下次见面的日期。但是这对朋友不同，他们一开始就约定了后会之期，并且反复叮咛，记得明明白白。这看起来是一反常态，却也正好证明了这两人友谊的不同寻常：他们分别不知多少次了，都没分成，再见的日期就是上一次或者上上一次打算分别时定好的。

这不，这次分别的开头，又变成了上次分别的结尾。元王实甫杂剧《西厢记》中崔莺莺送别张君瑞，唱道："伯劳东去燕西飞，未登程先问归期。虽然眼底人千里，且尽生前酒一杯。"一个往东，一个往西，还没走就先把回来的日期问一遍，叮咛一遍。司空曙和卢秦卿虽然不至于像崔张这样卿卿我我，但基本情调还是一样的，都是先把下次见面的时间放在首位，焊牢撼牢。

后会之期定好了，那就分别吧。但是还是不行，今宵今夜两个人还是难以分离。如此这般缠绵不尽，我真怀疑卢秦卿这个人是男是女。还记得宋柳永《雨霖铃》词中的名句吗："都门帐饮无绪，留恋处，兰舟催发。"他俩不是"帐饮无绪"而是"帐饮无数"，可是船不等人，人家船家已经催了多少次了，难道今天又要像以前一样变卦，不走了吗？

我为什么说是坐船走而不说他骑马或坐车走呢？因为诗的最后一句"不及石尤风"牵扯到一个典故，和船有关：一位姓石的女孩，嫁给尤郎做老婆，夫妻感情甚好。可是尤郎要经商远行，石氏阻止不住。尤郎去后不归，石氏思念成疾。临死之时她叹息说："我后悔不能阻止他，以至于此；今后若再有商旅远行，我就刮大风为天下的妇人阻止他们。"所以后人就用石女和尤郎的姓氏合称开船时的打头逆风为"石尤风"。

船家实在等急了，再一次催促：“客官，再不走就误了行程了！”可是两人杯中的酒还没有喝净，于是使一个会意的眼神，异口同声说：“难道老朋友之间的酒，还不如船头的石尤风吗？”唐李白《金陵酒肆留别》诗云“欲行不行各尽觞”，大概也就是这个意思。

该走的到底走了没有呢？我看这次又黄了——这是谁和谁分别呢？依然看不出来，大概是同在旅途的一对朋友，还打算再同行一段时日吧。

人·答人

扫码收看动漫

人·答人

古希腊神话《俄狄浦斯王》中，狮身人面怪兽斯芬克斯给路人出了一道谜题：“什么东西早晨用四条腿走路，中午用两条腿走路，晚上用三条腿走路？”猜错的人要被吃掉。俄狄浦斯猜中了谜底——人，斯芬克斯羞愧难当，就跳崖死掉了。

汉字“人”字，看上去像是用两条腿走路的人的侧面形，或似分腿站立的人的正面形。其实甲骨文“人”，是一个侧面站立的人形。在后来的字形演变中，人的手臂变成了一撇，身体变成了一捺。甲骨文正面的人形作，这是“大”字。（美）、（天）字下面就是一个正面的人形。

《列子·黄帝》云：“有七尺之骸，手足之异，戴发含齿，倚而趣者，谓之人。”这是从人的生理属性上去定义人。《说文解字》云：“人，天地之性最贵者也。”这是从思想品性上将人定义为天地之间最高贵的生物。还是《礼记·礼运》中阐释得最为详细：“故人者，天地之心也，五行之端也，食味别声被色而生者也。”意思是说，人是天地的心灵，是由五行构成的万物之首，是懂得吃味道好的食物，听好听的声音，穿漂亮颜色衣服的生灵。

“人”，也是一个部首字，由“人”组成的字，基本都和人有关，如“从、众、伯、佬、侠、仁”等。

是人就免不了说话，说话就免不了问答。我们来看看这位隐者是怎样回答别人的问话的——

答　人

太上隐者

偶来松树下，高枕石头眠。

山中无历日，寒尽不知年。

到今天，我们这个“解字说诗”系列的第一卷就要解说完了。我们此次解说的内容，是严格按照《千家诗》的内容而来的。《千家诗》分为四卷，分别是五言绝句、七言绝句、五言律诗、七言律诗，每一种诗体都大致按春夏秋冬四季排序。今天我们要解说的这首《答人》，其中有一个“年”字，我们说完这首诗，这一年就该结束了。“解字说诗”第二卷，我们开始解说七言绝句，第一首是宋程颢的《春日偶成》，那又是一个明媚的春天了。

在前面的解说中，我们老说哪位诗人有名，哪位诗人当时有名而现在无名等。不管名头大小，他们总还有名有姓。《答人》这首诗的作者叫“太上隐者”，太上，就是上古时期，也就是三皇五帝之时。别说隐者，就是神仙，也活不到那么大的岁数，所以这一看就是个化名。小隐隐于野，大隐隐于市，最大的隐隐于名，他是连姓名也不想让人们知道了——不知道就不知道吧，只要诗好就行！

这位太上隐者虽然隐得很深，但也不是完全无踪无影。大概因为他年龄确实很大了，长得古色古香，有一次被人发现了踪迹，就询问他的来历姓名，他什么也没说，留下这首五言绝句就走了。有人说老子就是太上老君，当年他也是在函谷关留下五千字而去。看来这些和“太上”有关的人，尽管都云游高蹈，到底还是忘不了人世的冷暖，他们都是些大好人哪！

“偶来松树下，高枕石头眠”，写得很闲散放达。“偶来”就不是常来，虽然松树和隐者是最佳搭配，即所谓标配，但这一次是偶然形成的。这位隐者云游不定，真像一片云，飘到哪就是哪。后面写他“不知年”，他不光不知年，大概连早晨晚上也有点不大在乎了。因为他困了就睡，并不选择一定的时间和地点。

在古代诗文中，人们往往称许这样的人为“高士”。为了和“高

高枕石头眠　赵红云

士”的形象搭配，他们枕石而眠的姿态往往也是“高枕”，即枕着高高的石头。其实这样写只是为了艺术的需要，若真枕得那么高，并且是块大石头，估计滋味不会很好受，除非困极了，否则睡不着。

“山中无历日，寒尽不知年”，这两句写得很风趣俏皮，显得这位隐者孩子似的，童心满满。有人问他多少岁了，他就说我住在山中，没有接到皇帝颁发的皇历，现在是哪一年我都不知道，我怎么知道我的岁数呢？当然了，我还没有老糊涂，我尽管不知道今年是哪一年，但我知道寒冬尽了，就要过年了，春天就要来了——说“寒尽不知年”，正好证明他知道“寒尽”了就是“年”——真是一位可爱的老头。说完了，回答完了，他就转过身去到“云深不知处”去找那位采药老翁去了。

冬天已经来了，春天还会远吗？在这一卷中，我们先碰到的是唐朝的春天，在下一卷中，我们将共同迎来宋人的春天。

期待！

寒尽不知年　何峰

跋

时序一届农历七月，就应该算是秋天了。

前几天，应上海文汇出版社和上海市文化旅游局之邀，我们参加“2020上海书展”之“静安理想书房”系列活动，推介我们“悦光组合”所著《社会主义核心价值观二十四字解》。高铁行驶在辽阔的原野上，阡陌之间满眼都是圆鼓鼓的喜悦，每一个喜悦的封面上，都闪着淡淡的金光——希望的田野快要开镰了。

从上海回来几天，就接到山东人民出版社杨云云女士寄来的《千家诗一字一诗解》（第一卷）清样，我们不由又高兴一番。《千家诗》是一部经久不衰的传统诗歌读本，注释赏析之作早已汗牛充栋。但是像我们这样“解字说诗”，面向青少年读者，用散文化语言把诗和字解说得如此优美耐读的《千家诗》读本，我们还没有见过。我们这部书的顺利出版，能为全国的读诗热潮再增加一朵油花，不用别人表扬，我们自己也会感到乐悠悠、美滋滋的。

此书的出版，得到学校党委书记于军的大力支持，得到山东人民出版社副社长王路先生的鼎力相助，我们首先表示感谢。此书能够做得这样美，让人捧起来就爱不释手，还得益于责任编辑杨云云和张艳艳女士的倾力付出和多位排版、校对人员的协力奉献，在此也表示感谢。

学校校长孙启友，从创意策划到创作出版，对此书付出了极大关注和热情，在此也奉上我们的深深谢意。

此书每篇文字前半段的解字部分，扫描二维码，都能看到一段有趣的动漫短视频，这是由动漫名家张国先生绘制的。此书每篇文字都配有插图，或书法，或篆刻，或剪纸，或绘画，它们是由书画名家刘慧龙、何峰、王继红、赵红云、张丽敏完成的。刘慧龙先生还为此书题写书名，何峰先生又将书名篆刻治印。诸位的友情加盟，使我们这部书由平面、单调变得立体、丰满起来，在此我们也表示微末却真挚的感谢。

天气渐渐凉爽，喜悦的心情也慢慢平息下来。《千家诗》共四卷，分为五言绝句、七言绝句、五言律诗、七言律诗，共226首。我们刚刚完成了其中的第一卷。以后的工作量还很大，我们的“解字说诗”之旅还很长。我们期待在遍地金黄的秋后或白雪纷飞的初冬，最迟是绿满山原的明春，到泉城济南与诸位读者分享这一卷书出版上市的快乐，并期待其他三卷的早日面世。

王光福　刘　悦

二〇二〇年八月廿九日

于淄博师范高等专科学校刘悦工作室

春　访　送　道

坐　登　观　怨

掖　思　题　夜

馆　入　曲　咏

相　侠　行　答

风 寄 秋 日

宫 隐 上 蜀

静 歌 赠 守

军 婕 寺 过

于 别 人